Jürgen Linke

Supervision und Beratung
Systemische Grundlagen und Praxis

Dr. Heinz Kersting
Wissenschaftlicher Verlag des
Instituts für Beratung und Supervision
Aachen

Schriften zur Supervision
Band 9

Die Deutsche Bibliothek - CIP-Einheitsaufnahme

Linke, Jürgen: Supervision und Beratung : systemische Grundlagen und Praxis / Jürgen Linke. [Ibs, Institut für Beratung und Supervision Aachen]. - Aachen : Kersting, 2001
(Schriften zur Supervision ; Bd. 9)
ISBN 3-928047-30-2

Umschlagestalung: Nicole Ludwig
unter Verwendung des Logos der ersten Supervisionstage in Freiburg, entworfen von Georg Schulz
Layout: Albert Verleysdonk
Druck: Druckerei & Verlag Steinmeier, Nördlingen

Wissenschaftlicher Verlag des Instituts für Beratung und Supervision (IBS) Aachen
Heckstraße 25
D-52080 Aachen
Tel.: (0241) 953309 und 556580
Fax: (0241) 554815
E-Mail: office@kersting-verlag.de
Web:http://www.kersting-verlag.de

Bildnachweis: Lisa Günther, Hamburg

ISBN: 3-928047-30-2

Inhaltsverzeichnis

Vorwort

Das Berliner Institut für Familientherapie-Systemische Therapie-Supervision-Beratung-Fortbildung e.V. bietet seit 1990 jährlich eine Weiterbildung zum Supervisor und zur Supervisorin nach den Rahmenrichtlinien der Deutschen Gesellschaft für Supervision (DGSv) und - nach deren Verabschiedung - auch nach den Rahmenrichtlinien der Systemischen Gesellschaft (Deutscher Verband für systemische Forschung, Therapie, Supervision und Beratung) an.

Dieses Buch ist vor allem entstanden als Lehrbuch für systemisch konstruktivistische Supervision und Beratung, um den Teilnehmerinnen und Teilnehmern unserer Weiterbildungen eine Übersicht über das systemische Paradigma, die entsprechenden Basiskonzepte, theoretischen Grundlegungen sowie Praxismodelle zu geben. Diese werden auch historisch hergeleitet sowie der Bezug zu psychologischen Theorien anderer Theorieherkunft dargestellt. Entsprechend sind die Theorien in Kurzform dargestellt und müssen bei weitergehendem Interesse mit den Originaltexten vertieft werden. Neben einer ausführlichen Einführung in die Beratungsmethode Supervision sind von besonderer Bedeutung die Beschreibung des Arbeitsgegenstandes systemischer Supervision und Beratung und der Rolle der Sprache als wichtigstem Beratungsmedium.

Dieser Arbeitsgegenstand sind die inneren Landkarten bzw. Bedeutungs- und Sinnsysteme der Supervisanden, mit denen sie sich ihr jeweiliges Arbeitsfeld erschließen. Mit diesen Konstrukten haben sie sich, wenn denn ein Supervisionsbedarf entstanden ist, oft entweder Unübersichtlichkeit oder Fokuseinengung erschaffen und sich Optionen verbaut.

Mit Hilfe der systemischen methodischen Prinzipien Kontextualisierung und Perspektivenwechsel, Zirkularität und Rekursivität sowie der Konzeptionierung vieler Probleme als Probleme des Wandels kann der Supervisor zur Feldklärung und zur Erfindung neuer Handlungsoptionen beitragen. An einem komplexen Fallbeispiel wird dies demonstriert. Entscheidend ist oft, dass der Supervisand versteht, wie er selbst das Problem, z.B. ein Interaktionsproblem mit einem Klienten, durch seine „Wahrgebungen" miterschafft. Häufig sind diese wenig ressourcenorientiert. Systemische Supervisoren und Berater sind also Fachleute für berufliche innere Landkarten, Modellbildungen und Realitätskonstruktionen, zu denen auch affektive Landkarten gehören. Als sehr hilfreichen Baustein bei der Konzeptionierung einer Landkarte innerer Landkarten fand ich unter anderem das „alte" von Systemikern wenig rezipierte Buch von Miller, Galanter und Primbram (1960) „Strategien des Handelns". Darauf basiert auch meine Bearbeitung der für Berater zentralen Frage „Wie können durch Bedeutungsveränderungen Handlungspläne verändert werden?". Ergänzt werden die Prinzipien systemisch-konstruktivistischer Supervision und Beratung durch eine kurze Darstellung der supervisorischen Arbeit mit Skulpturen sowie zwei systemische Feldanalysen, bzw. Feldkonzepte: Wie lässt sich eine systemische Arbeit im Feld stationärer und ambulanter Hilfen zur Erziehung konzeptionell fassen? Die Beispiele betreffen Heimerziehung und Familienarbeit und die Arbeit des Familienhelfers.

Besonders danken möchte ich meiner ehemaligen Mitarbeiterin Renate Bischof, die das Manuskript erstellte sowie Heinz Kersting, der durch seine kritische Durchsicht des Manuskripts und sein Engagement dieses Buch überhaupt erst ermöglichte.

Berlin, März 2001 Jürgen Linke

Einleitung

Systemisch-konstruktivistische Konzepte in der Supervision

Systemische Ansätze bei der Analyse und Behandlung der zum Gegenstandsbereich der Klinischen Psychologie zu rechnenden Probleme haben sich in Deutschland erst seit den 70er Jahren in breiterem Umfang durchgesetzt. Sie führten zur Entwicklung der Familientherapie, die sich in den 80er Jahren zur Systemischen Therapie weiterentwickelte. Dabei spielten vor allem erkenntnistheoretische Überlegungen, die u. a. auf den Forschungen von Maturana (1985) beruhten, eine Rolle. Doch werden dessen Überlegungen zur Frage, inwieweit wir die Wirklichkeit, und dabei vor allem die soziale Wirklichkeit, finden oder erfinden, auch durch viele Ergebnisse der Entwicklungspsychologie (Piaget 1975), der Wahrnehmungspsychologie und der Sozialpsychologie gestützt, z. B: schon die alten Experimente von Asch (1952) über Wahrnehmungs- und Urteilsverzerrungen unter Konformitätsdruck. Diese Forschungen führten dazu, das Konzept des Konstruktivismus mit systemischen Ansätzen zu verbinden. Systemisches, kybernetisches Denken und Konstruktivismus stellen linear kausale Annahmen über die Verursachung und Aufrechterhaltung psychosozialer Phänomene, und dazu gehören auch Symptome, auf den Kopf. Nicht nur unsere Urteile, Bewertungen und Diagnosen eines Phänomens führen zu Handlungsstrategien, sondern diese (Vor-) Urteile tragen als handlungsleitende Prämissen auch zur Erzeugung und Aufrechterhaltung des Phänomens bei. Wir sind oftmals in einem sich selbst bestätigenden Zirkel der Erkenntnis verfangen. Diese Überlegungen haben natürlich erhebliche Auswirkungen auf Diagnose und Intervention oder - anders ausgedrückt - auf das Konzept von Klient und professionellem Helfer sowie den Hilfeprozess. Die *neutrale* Beobachterposition und die prinzipielle Möglichkeit der Objektivität des Beziehungsarbeiters werden relativiert.

Supervision soll dem Psychologen, Sozialarbeiter usw. u. a. Orientierungshilfe gerade bei der Entwicklung eines solchen Konzepts über die Möglichkeiten und Grenzen von Intervention und bei der Entwicklung einer professionellen Haltung geben. Seit Anfang der 90 er Jahre finden sich erste Veröffentlichungen über die Anwendung systemischer und konstruktivistischer Ansätze auch im Beratungsfeld Supervision, z. B. Brandau (Hrsg.) (1991), Kersting & Neumann-Wirsig (Hrsg.) (1992) und Neumann-Wirsig & Kersting (Hrsg.) (1993). Der Autor selbst ist seit über 20 Jahren als Supervisor tätig und Kursleiter in der Weiterbildung zum Supervisor des Berliner Instituts für Familientherapie.

1. Zum gegenwärtigen Stand supervisorischer Praxis und Theoriebildung

1.1. Definition und gegenwärtiger gesellschaftlicher Standort der Beratungsdienstleistung Supervision

Supervision als berufsbezogene Beratung im Spannungsfeld von Person, Institution, Klientel und gesellschaftlicher Entwicklung ist heute zu einem zunehmend normalen und wichtigen Bestandteil psychosozialer Praxis geworden. Darüber hinaus wird sie immer öfter auch in anderen Arbeitsfeldern verlangt und angewendet, z.B. in der Industrie. So lautet z.B. 1994 das Thema eines Kongresses der DGSv (Deutsche Gesellschaft für Supervision): „Supervision - ein Instrument der Personalentwicklung." Obwohl bislang eine einheitliche Theorie der Supervision, ja sogar Teiltheorien fehlen (vgl. Auckenthaler 1992, Pühl 1990) befindet sie sich als Beratungsdienstleistung auf dem Weg zur Professionalisierung. Wesentlich treibende Kraft dabei ist die 1989 gegründete DGSv, ein Zusammenschluss von inzwischen über 3000 (2001) deutschen Supervisoren mit vorwiegend sozialarbeiterischer Herkunft. „Der Zweck des Vereins ist die Förderung der Beratungsform Supervision als Mittel der Reflexion beruflichen, interaktionellen Handelns in den Bereichen Bildung, Gesundheitswesen, Kultur, Politik, Seelsorge, soziale Arbeit, Verwaltung und Wirtschaft" (Satzung der DGSv 1989).

Die Aufgaben der Gesellschaft sind u.a.

- die Differenzierung des Berufsbildes
- die Festlegung und die Kontrolle von Ausbildungsstandards
- die Darstellung und Vertretung berufspolitischer Interessen (Satzung der DGSv 1989).

Ziel ist die Schaffung eines neuen Berufs, der u. a. seine Berufsethik durch einen Berufsverband selbst kontrolliert, was ein wesentliches Professionalisierungsmerkmal darstellt (vgl. DGSv aktuell 2/93). Mittlerweile sind über 20 Weiterbildungsinstitutionen für Supervision von der DGSv anerkannt. An der Gesamthochschule Kassel gibt es die Ausbildung zum Diplomsupervisor. Auch an Fachbereichen Sozialwesen der Fachhochschulen z.B. in Freiburg, Nürnberg, Hannover, Hamburg, Frankfurt wird in Supervision ausgebildet.

Die in der DGSv zusammengeschlossenen Supervisoren bieten ihre Leistungen vor allem im Bereich Sozialarbeit und in nicht therapeutischen Arbeitsfeldern an. Ein anderes großes Feld, in dem Supervision zum vorgeschriebenen Standard gehört, sind die verschiedenen Therapieweiterbildungen. Aus einer Synopse der Förderation Deutscher Psychologenvereinigungen über 15 Weiterbildungscurricula geht hervor, dass die zu Lernzwecken durchgeführten Therapien unterschiedlichster Schulrichtungen mit mindestens 100 Stunden Supervision zu begleiten sind (Auckenthaler 1992).

In der sozialarbeiterischen Ausbildung und für deren Berufsanfänger gehört Supervision ebenfalls zum Standard. Diese Art Supervision mit starkem Kontrollaspekt ist in den USA seit der Jahrhundertwende bekannt (vgl. Kersting 1992).

Und natürlich kennt auch die Supervisorenausbildung die Lehrsupervision, mit der die Lernsupervisionen der Weiterbildungsteilnehmer begleitet werden.

Grundsätzlich lassen sich Ausbildungssupervisionen unterscheiden von Supervisionen, die sich mit Problemen aus der laufenden Praxis von Beziehungsarbeit befassen. Pühl (1990) bezeichnet diese Supervision als Fortbildungssupervision. Sie nimmt inzwischen den größeren Raum im Supervisionsangebot ein. Fatzer reserviert den Begriff Supervision sogar nur für diese Beratungsform. Ausbildungssupervision ist für ihn Praxisanleitung (Fatzer 1993, S. 54).

Fritz Simon (1993 a) nennt die Ausbildungssupervision/Praxisanleitung „Führerschein-Supervision", einen Initiationsritus, der der Kontrolle der Einhaltung professioneller Normen gilt (S. 34). In dieser Art der Supervision herrscht ein Machtgefälle. Der Supervisor trägt ein hohes Maß an Verantwortung dafür, dass der Ausbildungskandidat die Klienten nicht schädigt. Schlimmstenfalls beschreibt in einer derartigen Supervision der Supervisand „... nicht, was er im Kontakt mit seinem Klienten getan, gedacht oder gefühlt hat, sondern, was er meint, was er nach Ansicht seines Prüfers hätte tun, denken oder fühlen sollen“ (Simon 1993, in Neumann-Wirsig & Kersting 1993, S. 36). Um dem Problem zu begegnen, werden in vielen Therapie- oder Supervisionsweiterbildungen strikt verschiedene Personen für Lehre und Supervision eingesetzt. In der *berufsbegleitenden* Supervision treten der Kontrollaspekt und die Berufsfeldsozialisation zurück gegenüber dem Beratungsaspekt. Supervisoren stellen hier einen Raum für Reflexion und Metakommunikation bereit. In dieser Fortbildungssupervision geht es um die Integration der in der Ausbildung erlernten theoretischen und methodischen Kompetenzen in den konkreten Berufsalltag sowie, „...um die Weiterentwicklung der institutionellen Strukturen entsprechend ihrer spezifischen Arbeitsaufgaben“ (Pühl 1990, S. 121). Steht in der Einzel- und Gruppensupervision die Fallsupervision, d. h. die Reflexion der professionellen Beziehung zwischen Helfer und Klient in ihrem Kontext im Vordergrund, ist es in der Teamsupervision zusätzlich noch der Kooperationsaspekt zwischen Kollegen und der institutionelle Kontext des spezifischen Arbeitsteams.

Supervision wird vielfach durch Abgrenzungen definiert - zu Lehre und Unterricht einerseits, zur Therapie andererseits (Fengler 1986). Fortbildung und Lehre haben in der Regel einen kognitiven Schwerpunkt, ein Dialog findet nur begrenzt statt. Die Teilnehmer können somit ihre Praxis nur begrenzt einbringen. Therapien beziehen sich auf Symptome in der Gesamtlebenssituation, vor allem auch in der privaten Beziehungs- oder Familiensituation. Häufig sind allgemeine Ziele von Entwicklung und Differenzierung der Persönlichkeit angestrebt, z. B. Arbeits-, Genuss- und Liebesfähigkeit (Freud) oder bezogene Individuation (Stierlin 1989). Nach Kersting (1992) steht dagegen im Mittelpunkt der Supervision „der jeweils handelnde Berufsrollenträger: die Berufspersönlichkeit. Fokus der Supervision ist im Unterschied zur Therapie das *berufliche* Handeln“ (S. 15). Natürlich ist aus einer ganzheitlich, systemischen Sicht diese Abgrenzung immer nur teilweise möglich und sinnvoll, z. B. wenn erhebliche persönliche und private Beziehungsprobleme des Supervisanden Auswirkungen auf sein berufliches Handeln haben oder eine Wechselwirkung zwischen beruflichen und privaten Problemen entsteht. Diese muss dann aber nicht der Supervisor - zumindest nicht ohne Kontraktänderung - bearbeiten. Die Bereitschaft dazu hängt natürlich auch von seinem Vorberuf als Psychologe/Therapeut oder Sozialarbeiter ab. Die unterschiedlichen Supervisionsstile und Selbstabgrenzungen von Supervisoren mit diesen beiden unterschiedlichen Vorberufen hat Hinnen (1993) (in Fatzer 1993, S. 123 ff.) dargestellt. Danach betonen Sozialarbeiter - Supervisoren eher das Realitätsprinzip. Sie beschäftigen sich mit den *bewussten* Handlungsaspekten der Arbeit wie Zielsetzung, Zielüberprüfung, Planung, Koordination usw., Therapeuten Supervisoren nehmen dagegen eher die *unbewussten*_Steuerungselemente des Arbeitsfelds in den Blick, z.B. herkunftsfamiliäre Muster und Konflikte sowie die persönlichen Bedeutungen, die der Supervisand seiner Tätigkeit gibt.

Ich weise schon an dieser Stelle auf die unterschiedlichen Vorberufe hin, weil der Konflikt zwischen Sozialarbeiter-Supervisoren und Therapeuten-Supervisoren eine erhebliche Rolle spielt. Für Sozialarbeiter ist die Supervisionstätigkeit mit erheblichem Statusgewinn verbunden. Supervisorische Tätigkeit gilt als sozialer Aufstieg und ist eine der wenigen Möglichkeiten für Sozialarbeiter, freiberuflich tätig zu sein.

M.E. gehören die o.g. Aspekte der Supervision unbedingt zusammen, und mit der Verankerung der Supervision in verschiedenen anderen Arbeitsfeldern als dem psychosozialen Bereich wird dieser Berufsstatuskonflikt wahrscheinlich an Bedeutung verlieren.

1.2. Geschichtliche Aspekte, heutiger Bedarf und Ziele von Supervision

Supervision entwickelte sich in der amerikanischen Sozialarbeit als administrative Kontrolle und Koordination sozialer Einrichtungen durch ihre Träger (Gaertner 1980). Seit dem 16. Jahrhundert war Supervision im Englischen als Begriff und Handlungsmodell in der Medizin eingeführt. „Supervidere" - „von oben überblicken" - bedeutet Kontrolle und Korrektur beruflich weniger Erfahrener im Unterschied zur Konsultation oder Konsiliarbeziehung, die von Gleichgestellten ausgeht, bei der sich der Ratsuchende freiwillig Rat holt und auch bei dessen Verwendung frei bleibt (Eck 1993). Abgesehen von der Ausbildungssupervision in Therapie und Sozialarbeit hat sich Supervision zunehmend auf ein Beratungsverständnis nach dem Konsiliarmodell und auf emanzipatorische Zielsetzungen hin entwickelt, weshalb der Begriff problematisch bleibt. Andererseits spiegelt er gesellschaftliche Realität, denn der Kontrollaspekt begründet Supervision als gesellschaftliche Institution. Eine Parallele dazu ist das Doppelmandat der Sozialarbeit von Kontrolle, z.B. Kinderschutz (Auftrag der Gesellschaft) und Hilfe (Auftrag der Klienten).

Auch in der Fortbildungssupervision ist das Bedürfnis nach freiwilliger Selbstkontrolle ein Motiv, ein berufsethischer Standard. Im Therapiebereich liegen die Wurzeln der Supervision bei der Kontrollanalyse angehender Psychoanalytiker, die mit der Etablierung der Psychoanalyse in den zwanziger Jahren institutionalisiert wurde. In Deutschland bürgerte sich der Begriff in den fünfziger Jahren ein, als angelsächsische und holländische Dozenten begannen, die Methoden des Case Work (Einzelhilfe), Social Group Work (Soziale Gruppenarbeit in Jugendarbeit und Erwachsenenbildung) sowie Gemeinwesenarbeit an Weiterbildungsstätten für Sozialpädagogen zu unterrichten, und sich dabei auch des Lehrlernverfahrens Supervision als eines Verfahrens der Erwachsenenbildung bedienten (Kersting 1992).

Worin liegt nun die gegenwärtige hohe Nachfrage nach Supervision begründet? Warum boomt dieser Beratungsansatz? Wo liegt der Bedarf?

Ein *erster* wesentlicher Aspekt ist die Qualitätssicherung und Prozesskontrolle psychosozialer/psychotherapeutischer Praxis. So empfiehlt der Deutsche Verein für öffentliche und private Fürsorge/Frankfurt den Anstellungsträgern von Fachkräften in der sozialen Arbeit in einem Rundschreiben vom 12.10.1992 „Supervision muss ein fester Bestandteil der sozialen Arbeit sein, weil der Hilfeprozess sich weitgehend den klassischen Instrumenten einer Wirksamkeitsüberprüfung entzieht. Da der Hilfeprozess nicht in die Beliebigkeit entlassen werden kann, ist Supervision ein geeignetes und bewährtes Instrument der Steuerung und mittelbar auch der Überprüfung der fachlichen Arbeit."

Auch auf das neue KJHG, das im Sozialgesetzbuch enthalten ist, wird Bezug genommen. „Das SGB VIII führt Praxisberatung verpflichtend ein. Dieser Gesetzesauftrag Praxisberatung schließt Supervision ein. Supervision begleitet das berufliche Handeln" (ebd.). Verständlicherweise überwiegt also aus der Perspektive der Institutionen, die psychosoziale Dienstleistungen anbieten, der Kontrollaspekt. Unmissverständlich heißt es im oben genannten Rundschreiben: „Die Träger haben sicherzustellen, dass die Hilfen den fachlichen Anforderungen entsprechen und effektiv geleistet werden“ (ebd.), was natürlich auch ein legitimer Anspruch der Klienten und des finanzierenden Steuerzahlers ist.

Warum aber wird Supervision von den „Kontrollierten“ und „Überprüften“ dennoch gewünscht und nicht abgelehnt und zunehmend eingefordert? Wo liegt ihr Bedarf?

Auf diese Frage führt Auckenthaler (1992) als wesentlichen Grund das Bedürfnis nach Orientierungshilfe und nach Handlungssicherheit an. Dies ist ein *zweiter* wesentlicher Aspekt. Wie aus den oben zitierten Empfehlungen ersichtlich steigen vor allem in Zeiten knapper Mittel einerseits die Ansprüche an Transparenz und an Effizienz der psychosozialen Arbeit, andererseits nimmt angesichts des Booms verschiedenster Deutungsmöglichkeiten („Psychoboom“) und Handlungsmodelle sowie der Auflösung oder Infragestellung orientierender großer theoretischer Entwürfe (z. B. Marxismus, Psychoanalyse) die Verunsicherung zu. Pluralistische Weltanschauungen, das Fehlen verbindlicher gemeinschaftsstiftender „wahrer“ Lehren, das zunehmende Gewahrwerden der hohen Komplexität und Multikonditionalität der meisten Probleme auf der Makroebene (z.B. Umweltverschmutzung, Arbeitslosigkeit) und auf der Ebene beruflichen Handelns („Helferkonferenzen“) prägen unter anderem das Lebensgefühl in der Postmoderne, ein Gefühl von Beliebigkeit (anything goes) und Ausgeliefertsein (vgl. Eck 1993).

Habermas (1985) prägte für diese historische Situation den Begriff „Neue Unübersichtlichkeit“. Trotz der Pluralität der Meinungen und theoretischen Ansätze oder vielleicht gerade deshalb kommt es immer häufiger auch bei beruflichen Themen zu erbitterten Ideologie- und Glaubenskriegen (z. B. bei den Themen „Sorgerecht“ oder „sexueller Missbrauch“).

Eben diese Unterschiedlichkeit konkurrierender Lebens- und Deutungsmodelle, die ungeheure Vielfalt von Sinngebungsstrategien zwischen Religion, Reichtum und Baghwan und die daraus resultierende Qual der Wahl hat auch schon den Psychoboom ausgelöst (Bach & Molter 1979). Schon 1972 wies Maurice North in einer soziologischen Studie über Psychotherapie und Gesellschaft mit dem bezeichnenden Titel: „The Secular Priests - Psychotherapists in Contemporary Society“ darauf hin, dass Sinnstiftung, Füllung des existentiellen Vakuums (Viktor Frankl) und Hilfe bei der Identitätsfindung zunehmend von den Therapeuten oder Beratern erwartet werden.

Für die Supervision ist auch North' (1972) Hinweis bedeutsam, dass es mit der Entwicklung der modernen Industriegesellschaft zu einer Spaltung von Berufs- und Privatleben gekommen ist, die eine Spaltung der Identität in ein öffentliches und ein privates Ich nach sich gezogen hat. Häufig wird die Berufsidentität als Entfremdung erlebt, die Suche von Glück und Lebenssinn auf das Privatleben verlagert oder auch umgekehrt. Defizite in einem Lebensbereich werden eventuell mit dem anderen Lebensbereich kompensiert, anstatt dass eine ausgewogene Balance angestrebt wird.

Berufliches Handeln ist weitgehend Rollenhandeln, man kann sich eben nicht geben, wie man ist, oder wie einem zumute ist. Das erfordert eine spezifische berufliche Sozialisation. Dies gilt besonders für Beziehungsarbeiter, die zudem noch das Kunststück fertig bringen müssen, artifizielles strategisches Handeln so mit ihrer Basispersönlichkeit zu verweben, dass es echt, authentisch oder natürlich wirkt.

Ein zentrales Thema vieler Supervisionen als Integrationshilfe in der Berufssozialisation ist die Kontrolle spontaner affektiver Reaktionen (z.B. als Gegenübertragungskontrolle) und die Steuerung der eigenen Wahrnehmung, des affektiven Erlebens und Handelns, so dass es für den Klienten nach Möglichkeit förderlich wird. Das Heraushalten privater und persönlicher Bedürfnisse aus der Berufswelt ist bei Beziehungsarbeit ein besonders hoher Wert. Dies zeigt u.a. die Diskussion über sexuelle Übergriffe in der Therapie. Andererseits scheint aber gerade bei Helfern diese Balance von Berufsund Privatleben häufig nicht zu klappen. Zur Trennungs- und Scheidungsproblematik in psychosozialen Berufen hat Antons (1987) ein aufschlussreiches Buch veröffentlicht. Ich werde auf das Thema Balance von Privat- und Berufsleben als Thema der Supervision noch ausführlicher eingehen.

Weitere Orientierungshilfe suchen professionelle Helfer auch für die Zielsetzungen und Erfolgskriterien ihrer Arbeit, die unklar oder schlecht überprüfbar sind. Oft fehlt die Erfolgskontrolle für das eigene Handeln, weil die Klienten entweder aus dem Blick geraten oder weil natürlich auch ihre Veränderungen multikonditional sind. Aus dem bisher gesagten wird deutlich, dass Supervision janusgesichtig zwischen Kontrolle und Emanzipation anzusiedeln ist. Nach North (1972) ist Beratung, und dies trifft auch auf Supervision zu, in der modernen Gesellschaft, die sich zunehmend zu einer Dienstleistungsgesellschaft entwickelt, zu einer wesentlichen Form sozialer Kontrolle geworden. Nach North (1972) spielt der Fachmann (Psychiater, Sozialarbeiter, Klinischer Psychologe, Konsultant für Industriebeziehungen) zwei Rollen: „...in der Privatsphäre verhilft er dem Individuum zur Wiedererlangung oder Wiederherstellung seiner Identität, während er in der öffentlichen Sphäre Schwierigkeiten glättet und bei der gewaltlosen Behandlung faktischer oder potentieller Unruhestifter innerhalb der Organisation mitwirkt" (S. 8). Indem Supervision aber auch der Bewusstwerdung der institutionellen und subjektiven Bedingungen sozialen Handelns dient, kann sie auch emanzipatorische Konsequenzen haben (vgl. Pühl 1990, S.122).

Ein *dritter* wesentlicher Bedarfsaspekt ist die Belastung in der psychosozialen Arbeit. Einerseits müssen sich Helfer oft mit Klienten in schwierigen, ausweglos erscheinenden Notsituationen befassen, andererseits sind sie deren Heilserwartungen ausgesetzt, was viele Helfer dazu verführt, immer aktiver zu werden und immer mehr Verantwortung zu übernehmen, wodurch sie oft zu hilflosen Helfern (Schmidbauer 1977) werden.

Der Selbstanspruch, Hilfe zu leisten, scheitert oft an der Komplexität der Problemsituation und der scheinbar passiven Haltung der Klienten gegenüber den Problemen, ihrer Unmotiviertheit, Zielsetzungen zu verfolgen, die nur der Helfer für sinnvoll hält. Diese Dauerbelastung, die ständige Provokation von Mitleidsgefühlen und die häufige Erfahrung realer Ohnmacht, führt dann zum Ausgebranntsein (Burnout). Auckenthaler (1992) charakterisiert dieses Phänomen als „emotionale Erschöpfung", nicht mehr in der Lage zu sein, psychisch etwas zu geben. Haltungen wie Zynismus und die unpersönliche, depersonalisierende Behandlung der Klienten sind mögliche Reaktionen (S. 20).

Weitere Folgen bei den Helfern sind ein Ansteigen der Fehlzeiten, Arbeitsplatz- und Berufswechsel, Drogenprobleme, psychosomatische Beschwerden und Familienprobleme. Wesentlicher Faktor dürfte auch hierbei der Verlust von Sinn (siehe Zynismus) als Reaktion auf das verringerte Erleben von Wirksamkeit sein. Supervision dient hier der Psychohygiene, dem Erhalt der Arbeitsfähigkeit.

Aus diesen Bedarfsaspekten ergeben sich folgende Themenbereiche und Ziele von Supervision:

Einigkeit besteht bei allen Autoren, dass Supervision ein Raum für Reflexionen über berufliche Probleme ist. Die Unterschiede der theoretischen Ansätze beziehen sich auf die Themen und Methoden dieser Reflexion. Zielke (1982) definiert die Themenbereiche folgendermaßen „...der Supervisand reflektiert, wie er als dieser Mensch (mit seiner persönlichen Art sich zu verhalten) in diesem Beruf (mit Bezug auf die darüber vorliegen den objektiven Erkenntnisse) in dieser Funktion (aktuelle Arbeitssituation) und mit dieser Erfahrung (seine unmittelbare subjektive Erfahrung) arbeitet."

John & Fallner (1980) beschreiben folgende Reflexionsfelder:

- Biographie und Sozialisation des Supervisanden mit dem Ziel der Selbsterkenntnis, wie er mit seiner Persönlichkeit in diesem Praxisfeld wirkt;
- die theoretischen, pragmatischen und persönlichen Bezüge des Supervisanden, die zu seinem beruflichen Selbstverständnis führen, insbesondere die Frage, wie der Supervisand selbständig Anwendungswissen erwerben kann;
- das Beziehungsverhalten des Supervisanden gegenüber Klienten, Mitarbeitern, Kollegen, Vorgesetzten und anderen Supervisionsteilnehmern. Hier geht es um gegenseitige Rollenzuschreibungen sowie den Umgang mit Macht- und Abhängigkeitsbeziehungen;
- der Einfluss der Institution auf den Supervisanden, deren Ansprüche an die Arbeit und seine Internalisierung dieser Ansprüche oder seine Abgrenzung dagegen.

Geht man davon aus, dass es in der Supervision häufig um äußere und innere Konflikte geht, ergibt sich als eine allgemeine Zielsetzung der Supervision die Förderung der Konfliktlösungsfähigkeit, bzw. der Fähigkeit zur Balance von Ambivalenzen. Schließlich sollte als Hilfe zur Selbsthilfe der Transfer gesichert sein, d.h. der Supervisand sollte lernen, wie man lernt. Wie schon erwähnt, sind berufliche Situationen - nicht nur im psychosozialen Bereich - hochkomplex.

Der einzelne ist selten allein in der Lage, sich aller Aspekte und mitwirkenden Systemebenen bewusst zu werden. Insofern dient die Reflexion in der Supervision einerseits der Komplexitätserweiterung bei der Wahrnehmung, andererseits der Auswahl der Aspekte und der Komplexitätsreduktion, die wieder berufliche Handlungsfähigkeit sicherstellt. Unter dem Aspekt der Hilfestellung bei der Herausbildung der Berufspersönlichkeit oder -identität geht es immer um die Integration der Aspekte persönliches Wachstum und Selbstkenntnis, praktische Fertigkeiten - dabei insbesondere Beziehungs- und Kommunikationskompetenz -, theoretisches Wissen sowie spezifische Arbeitsfeld- und Institutionskenntnisse.

1.3. Methoden der Supervision

Die Methoden der Supervision sind so vielfältig wie die in Sozialarbeit und Psychotherapie verwendeten Beratungsmethoden und spiegeln diese wieder. Jede Methode bezieht sich wiederum auf einen oft hochdifferenzierten Theoriehintergrund mit paradigmatischem Charakter (z.B. die Psychoanalyse). Um nur einige zu nennen: Psychoanalyse, Gruppendynamik, Gestalt, Balintarbeit, T Z I, Psychodrama usw.. Es würde den Rahmen der Arbeit sprengen, die verschiedenen Ansätze hier angemessen zu würdigen, daher werde ich nur vier wesentliche Methoden darstellen. Diese setzen jeweils unterschiedliche Schwerpunkte, erfassen unterschiedliche Kontextweiten, die sich auch in einem systemischen Ansatz wiederfinden. Mit dem systemischen Ansatz wird dagegen versucht, Komplexität nicht auf wenige Aspekte, z.B. die unbewusste Beziehung zwischen Klient und Helfer, zu reduzieren sondern das Berufsfeld komplexer abzubilden und zu konzipieren.

1.3.1. Supervision und Psychoanalyse

Die Psychoanalyse befasst sich mit der „inneren Realität“ der Supervisanden (Raguse 1993). „Unter ‘innerer Realität’ verstehe ich das bewusste, vorbewusste und unbewusste Erleben des Menschen, seiner inneren und äußeren Situation. Dazu gehören also nicht nur die Phantasien und Gefühle sondern auch die Wahrnehmungen der äußeren Realität, sei sie Natur oder Kultur, aber in der eigentümlichen Brechung durch das Erleben des Individuums“ (S.172). Diesen

Satz könnte - wenn auch mit anderen theoretischen Implikationen - auch ein Konstruktivist schreiben (siehe unten). Die Methode der Psychoanalyse als Therapieform ist die Interpretation der künstlich hergestellten Übertragungsbeziehung. Das Setting der orthodoxen Psychoanalyse: Couch, liegende Haltung, der Analytiker nicht sichtbar, die Anweisung zur freien Assoziation lösen eine starke Regression und Verunsicherung aus. Der Analysand wendet das ihm zur Verfügung stehende Instrumentarium von erworbenen Deutungs- und Wahrnehmungsschemata - dabei vor allem in der frühen Kindheit entstandene - auf die vieldeutig gehaltene Situation an. Seine Phantasien (z.B. Größenphantasien) werden vom Analytiker gedeutet, der Analysand mit seiner spezifischen Realitätswahrnehmung/Realitätsdeutung konfrontiert. Diese spezifischen Realitätswahrnehmungen üben nach dem Prinzip der sich selbst erfüllenden Prophezeiung natürlich einen gestaltenden Einfluss auch auf aktuelle Beziehungen aus, sind somit Konstruktionen, die die frühere Beziehungsgeschichte und die Beziehungserfahrungen häufig in der Gegenwart real wieder aufleben lassen. Ziel der Analyse ist die Reinterpretation der Lebensgeschichte, so dass der Analysand erfährt „... dass immer auch noch etwas anderes über ihn wahr ist: Er ist nicht nur ein friedfertiger Mensch, sondern auch voll von zerstörerischem Neid. Er ist nicht nur ein Leidender, sondern genießt es auch, den anderen damit zu quälen“ (Raguse 1993, S. 173).

Aus der Sicht systemischer, konstruktivistischer Therapie sind dies mögliche Umdeutungen, d.h. Änderungen der Bedeutungsgebung, die zu einer Differenzierung und Erweiterung der Identitätsvorstellungen und Einstellungen des Klienten/Patienten und zu einer Änderung seines Verhaltens führen können. In der psychoanalytischen Supervision steht - im Unterschied zur analytischen Therapie - allerdings nicht das Hier und Jetzt der Supervisor-Supervisand-Beziehung sondern die Beziehung zwischen Supervisand und Klienten, das Dann und Dort im Fokus der Arbeit. Raguse (1993) stellt sie neben die psychoanalytische Fokaltherapie.

Aber auch hier wird die Innenperspektive des Supervisanden betont, nicht – wie in der systemischen Supervision - auch die Außenperspektive. Dies ist ein zentraler Unterschied. Auch Raguse (1993) vertritt die Ansicht, dass die psychoanalytische Perspektive in der Supervision nicht die einzige sein kann, wenn auch die Theorie, dass frühe internalisierte Objektbeziehungen Modell für spätere Beziehungen sind, und frühe Phantasien zu Grundthemen des

Lebens werden können, viel zur Erklärung aktueller Beziehungen beitragen kann. Auch ein systemischer Supervisor würde zustimmen, dass äußere Realität durch innere geformt und scheinbar objektive Probleme „...nie ohne die innere Perspektive des einzelnen verstanden und gelöst werden können“ (S. 179).

1.3.2. Die Balintgruppe

Über diese Supervisionsmethode wurde von dem ungarischen Arzt Michael Balint seit den 50er Jahren in London publiziert. Sie beruht auf einer von ihm modifizierten Form der Psychoanalyse. Ziel ist „... ein umfassendes Verständnis von der Bewussten und unbewussten zwischenmenschlichen Beziehung zwischen Helfer und Hilfesuchenden zu gewinnen“ (Roth in Fatzer 1993, S. 146).

Dem liegt die Idee zu Grunde, dass der Arzt/Helfer selbst die wichtigste Medizin ist. Indem in der Balint - Gruppe gelernt wird, „...sich in die Beziehung hineinzuversetzen, sich in eine Beziehung einzufühlen und in der Dimension von Beziehungen denken zu lernen“ (Roth 1993, S. 147), führt sie ansatzweise weg von einer individualdiagnostischen Betrachtung zu einer systemisch-konstruktivistischen Sichtweise (vgl. Kersting 1995). Eine Leitfrage der Balintarbeit ist: „Was macht der Hilfesuchende mit mir?“ Der Helfer lernt, sein persönliches gefühlsmäßiges Erleben als Gegenübertragung zu verstehen und damit zu verstehen“,... dass er selbst in der Übertragung als Person nur indirekt gemeint ist und sozusagen mit einem anderen Menschen aus dem Leben seines Klienten unbewusst verwechselt wurde“ (Roth 1993, S. 148). Andererseits kann die eigene affektive Gegenübertragungsreaktion viel zum Verständnis des Beziehungsanliegens des Klienten beitragen. Methodischer Kern der Balintarbeit ist der Umgang mit der Dynamik des Gruppenprozesses. Diese wird als Spiegelung oder Resonanz der vorgetragenen Falldynamik, d.h. der Interaktion zwischen Helfer und Klient verstanden. Gruppendynamik wird nicht in erster Linie zur Selbsterfahrung sondern zum Verständnis der Falldynamik genutzt. In der Regel finden Balintgruppen als Strangergruppen statt, d. h. die Teilnehmer stehen nicht in einem Arbeitszusammenhang.

Ein weiteres Ziel ist, dass der Helfer sich von seinen Vorurteilen gegenüber dem Klienten befreit. Dies betrifft insbesondere die phantasierte Rollenaufteilung in einen starken, gesunden Helfer und einen schwachen, immer hilfsbedürftigen Klienten. Er soll erkennen, welche Wirkung er mit seiner Persönlichkeit in Verbindung mit seiner beruflichen Rolle auf den Klienten/Patienten hat, und er soll Abstand nehmen von missionarischem Eifer, d. h. dem Versuch, den Klienten nach seinen Vorstellungen zu formen (apostolische Funktion) (vgl. Rappe-Giesecke 1990, S. 15). Dies entspricht der grundlegenden Haltung eines „ethnologischen" Vorgehens, d. h. einer Haltung neugierigen Interesses, wie sie sich auch mit den neueren Systemtheorien durchgesetzt hat. Auch die Problem- und Problemlösungskonzeptionen der einzelnen Berufsgruppen, ihre berufsspezifischen Realitätskonstruktionen, werden in der Balintarbeit hinterfragt.

Nach Roth (1993) denken z.B. Lehrer oft, dass man alles im Leben lernen kann, Krankenschwestern, dass die Gesundung vom Willen des Patienten und von aufopfernder Pflege abhängen; Psychotherapeuten, dass jede Lebenskrise auf ungelöste frühkindliche Konflikte zurückzuführen sei. Die akzeptierende Atmosphäre in der Balintgruppe, der freie Bericht der Teilnehmer über die vorgestellten Fälle, der „Mut zur eigenen Dummheit" (Roth 1993, S. 153) sind auch die Voraussetzungen für die Annahme eigener Schwächen und Grenzen. Wer länger an einer Balintgruppe teilnimmt, wird seine Wahrnehmungen und Interpretationen der beruflichen Situation sowie seine Realitätskonstruktionen, Einstellungen und sein Verhalten im privaten Bereich ändern.

1.3.3. Der Gruppendynamische Ansatz

Die angewandte Kleingruppenforschung/Gruppendynamik wurde ab 1946 von Lewin, Bradford, Beine und Lippitt entwickelt (vgl. Hellessen 1993). Sie ist ein Teilgebiet der Sozialpsychologie und stellt Wissen über Entwicklungsprozesse von Gruppen und die Verflechtungen von Individuum und Gruppe oder Organisation/Institution bereit. Ihre Konzepte sind systemorientiert und unterscheiden sich damit von hermeneutischen Ansätzen, die sich mit der Biographie des Individuums befassen. Diese beiden Erklärungsmodelle menschlichen Verhaltens stehen in einer gewissen Konkurrenz, werden im Alltag unterschiedlich verwendet. Nellessen (1991) weist darauf hin, dass Menschen dazu neigen, fremdes soziales Verhalten personal zu attribuieren. Das heißt, die Gründe für (Fehl-)Verhalten werden in der Person des anderen und in seinen Motiven gesucht. Eigenes Verhalten wird eher aus der Situation erklärt, natürlich weil die jeweiligen Einflussfaktoren besser bekannt sind als bei einem Fremden. Eigene Misserfolge werden eher situativ, eigene Erfolge eher personal attribuiert (Hellessen 1993, S. 161). Die kontextuelle, situative Erklärung des eigenen wie des fremden Verhaltens - unter Berücksichtigung erworbener Wahrnehmungs- und Handlungsschemata - ist ein wesentlicher Aspekt systemischen Denkens. Ein Supervisor muss sich der Auswirkungen des von ihm gewählten Erklärungsansatzes bewusst sein, denn „Personale Zuschreibung entlastet den Zuschreibenden, belastet den Beurteilten" (Hellessen 1993, S. 161). Einige wesentliche gruppendynamische Wahrnehmungsperspektiven, Erklärungsmodelle und Interventionsstrategien sind u.a.:

- Gruppenentwicklungen folgen bestimmten Phasen, z. B. gibt es eine Phase des Kampfes um Macht und Normen, eine Konsolidierungsphase und eine Phase produktiver Arbeitsfähigkeit.
- Der Widerstand eines einzelnen, z. B. gegen Supervision wird als Ausdruck eines Gruppenwiderstands, z. B. gegen Veränderung, verstanden, der einzelne nicht als Sündenbock oder Miesmacher ausgestoßen oder bedrängt.
- Der Gruppenleiter/Supervisor moderiert die Gruppe, damit sie ihre eigenen Lösungen findet, übernimmt nicht selbst die Problemlösung. Wer in Gruppen und Teams arbeitet, sollte die gruppendynamische Perspektive kennen, um z. B. Reaktionen auf Gruppenkrisen nicht zu individualisieren und vor allem, um zu verstehen, dass eine Gruppe mehr ist als eine Ansammlung von Individuen.

1.3.4. Organisationsentwicklung und Institutionsberatung

Organisationsentwicklung und Institutionsberatung sind Interventionsformen, die nicht am einzelnen sondern am größeren beruflichen Kontext ansetzen, gleichwohl aber erhebliche Auswirkungen auf Wohlbefinden und Arbeitsleistung des einzelnen Mitarbeiters haben. Sie sind keine originären Supervisionsmethoden, doch in der Supervision werden Anleihen bei diesen Ansätzen gemacht. Ein Supervisor muss den institutionellen Kontext seines

Supervisanden und dessen Auseinandersetzung damit immer mitdenken, denn Wahrnehmungen, Empfindungen und Verhaltensweisen des Supervisanden haben nicht nur mit seiner persönlichen Wahrnehmungskonstruktion (Übertragung) zu tun, sondern sind auch Reaktionen auf spezifische offene und verdeckte institutionelle Vorgänge. Für Begriffe wie Teamberatung oder Organisationsentwicklung findet sich in nicht-sozialarbeiterischen Arbeitsfeldern eine größere Akzeptanz als für Supervision.

Pühl (1990) vertritt die Ansicht, dass der Begriff Organisation eher die strukturellen Aspekte, der Begriff Institution eher die dynamischen Prozesse betont. Auch ziele Organisationsentwicklung durch Anbindung an die Führungsebene eher auf Effektivität, Institutionsberatung mit psychoanalytischer Tradition eher auf den subjektiven Faktor (S. 124). Diese Differenzierung kann nach der Literatur zur Organisationsentwicklung nicht bestätigt werden. Als Vater der Organisationsentwicklung gilt Kurt Lewin (vgl. Schein 1993, S. 410). Gruppendynamische Fähigkeiten und Prinzipien wie Feedback geben, sensible Selbst- und Fremdwahrnehmung, sich in Gruppen einbringen, und Aktionsforschung waren zunächst auch Interventionsformen in der Organisationsentwicklung.

Lewins Grundprinzip der Organisationsentwicklung lautet „Wir sind eher bereit, unser Verhalten zu verändern, wenn wir an der Problemanalyse und Lösungsausarbeitung beteiligt sind, und zudem Entscheidungen auszuführen, die wir mitformuliert haben (Weisbord 1987, S. 89)", (zitiert nach Fatzer 1993, S. 57). Auch das Prinzip der sich selbst-erfüllenden Prophezeiung, eines der wesentlichen systemischen Modelle, wurde in der Organisationsentwicklung von Mc Gregor (vgl. Fatzer 1993, S. 57) in der Beziehung zwischen Vorgesetzten und Mitarbeitern bereits nachgewiesen. Hält der Vorgesetzte den Mitarbeiter für selbständig und verantwortungsbewusst, wird der sich so zeigen. Grundlegend ist die Idee, dass Organisationen wie Menschen immer weiter lernen müssen, da sich die ideellen und technischen Kontexte ständig wandeln. Nicht der Experte soll die Probleme lösen, sondern es geht im Kern der Organisationsentwicklung darum, dass das Klientensystem lernt, sich selbst zu helfen, indem Berater und Mitarbeiter gemeinsam herausfinden, was abläuft. Dazu wirkt nach Rappe-Giesecke (1990) der Berater als Katalysator, z. B. indem er das Prinzip Aktionsforschung verwendet, d. h. den zyklischen Prozeß von Datensammlung, Feedback der Daten an das Klientensystem und Untersuchung der Daten durch das Klientensystem (vgl. French & Bell 1982).

Fatzer (1993) stellt das Prozessberatungsmodell von Ed Schein vor und formuliert u. a.: „Der Klient ist der einzige, der weiß, welche Intervention für ihn klappen wird“ (S. 65). Diese Haltung wird auch in den neueren systemischen Beratungsmodellen realisiert, denn sie impliziert die Unmöglichkeit instruktiver Interaktion und drückt Respekt vor der Autonomie des Klientensystems aus. Die ursprüngliche Organisationsentwicklung war stark von ethischen Zielsetzungen, wie Humanisierung der Arbeitswelt, getragen und verstand sich nicht nur als Technik, wozu sie sich später zunehmend entwickelte. Sie verstand sich - analog einem systemischen Paradigma - „... als Philosophie oder Paradigma des Nachdenkens über die Komplexitäten sozio-technischer Systeme...“ (Schein in Fatzer 1993, S. 414). Schein (1989) formuliert auch Anforderungen an ein zukünftiges Konzept von Organisationsentwicklung. Es geht um die Unterstützung des Managements in vier Bereichen:

„1. Dem Management von Komplexität

2. Dem Management von Unterschiedlichkeit

3. Dem Management von Interdependenz und Integration

4. Dem Management von ständigem Wandel“ (S.415).

Auch dies sind zentrale Themen eines systemischen Ansatzes (vgl. Vogel et al. 1997).

1.4. Settings der Supervision

Supervision findet in der Regel statt als Einzelsupervision, Gruppensupervision und Teamsupervision. In der Ausbildungssupervision der systemischen Therapie gibt es noch verschiedene Formen von reflecting teams, die sich allerdings auch auf Team- und Gruppensupervision anwenden lassen.

1.4.1. Einzelsupervision

Einzelsupervisanden in der Fortbildungssupervision suchen in der Regel Orientierungshilfe in einer für sie nicht (mehr) durchschaubaren beruflichen Situation, sei es, dass sie Probleme mit bestimmten Klienten, sei es, dass sie Probleme mit Kollegen oder Vorgesetzten haben. Sie spüren, dass sie mit ihren

Einstellungen und Verhaltensweisen Widerstände provozieren oder suchen Entscheidungshilfe in Fragen des Berufsweges. Relativ häufig ist nach meiner Erfahrung auch eine psychosomatische Erkrankung (z.B. Magengeschwür, Herzrhythmusstörungen), u. U. als Burnout-Symptom, der Anmeldegrund. In diesen Fällen haben Stress, Ängste und Verunsicherung, die mit der beruflichen Situation und Position verbunden sind, bereits einen körperlichen Niederschlag gefunden. Fallsupervision oder Orientierung im Team und Institutionen sind somit die wesentlichen Fragestellungen. Die Einzelsupervision ist das Setting, in dem am ehesten biographische Themen zur Sprache kommen können, z. B. Fragen der Berufsmotivation oder spezifische Schwierigkeiten mit einem spezifischen Fall, der herkunftsfamiliäre Themen oder Ängste hervorruft. Die Frage der Orientierung in Team und Institution stellt sich häufig als Frage des Umgangs mit der beruflichen Rolle, insofern ist Supervision hier Rollenberatung.

Sievers sieht in der Rolle das Bindeglied zwischen Individuum und Organisation (vgl. Pühl 1990, S. 260). Berufsanfänger wie Aufsteiger, z.B. in Leitungspositionen, müssen sich mit dieser Rolle auseinandersetzen. Die mit der Rolle verbunden Regeln sind oft nicht deutlich definiert, sind aber als Rollenerwartungen bei Kollegen und Vorgesetzten unausgesprochen vorhanden. Der Betroffene spürt die zwischenmenschliche Sanktion erst nach dem Verstoß gegen die Erwartung. Berufsanfänger müssen sich erst im Dickicht des Beziehungsdschungels zurechtfinden, müssen lernen, Beziehungsangebote einzuschätzen, müssen lernen, sich Handlungsspielräume zu schaffen und zu erhalten. Auch Aufsteiger in Leitungspositionen müssen lernen, mit dieser neuen Rolle umzugehen und Nähe und Distanz zu Vorgesetzten und Kollegen neu zu regeln. Dies betrifft auch das Verhalten im privaten Bereich, der auf höheren Leitungsebenen immer weniger privat wird. Führungskräfte müssen oftmals scheinbar private Treffen für berufliche Beziehungsarbeit nutzen, bzw. sich darüber bewusst sein, dass ihr privates Verhalten auch in die Einschätzung ihrer professionellen Kompetenz durch Kollegen, Mitarbeiter und Vorgesetzte einfließt. Ein supervisorisches Angebot für diese Fragen ist das Coaching. In der Supervision wird regelmäßig deutlich, dass der Supervisand in der Handhabung der beruflichen Rolle - z. T. unbewusst - auf Regeln, Muster, Einstellungen und Prämissen seiner familiären Erfahrungen zurückgreift und sich damit oft in ähnlichen Konstellationen und Problemen wiederfindet wie in seiner Ursprungsfamilie. Eine wesentliche leitende Fragestellung des

Einzelsupervisanden bezieht sich somit auf Selbsterfahrung: „Wie trage ich selbst dazu bei, dass ich mich - auch wiederholt - in bestimmten Beziehungsschwierigkeiten wiederfinde". Systemische Supervision wird zur Beantwortung dieser Frage einerseits die kognitive und emotionale Wahrnehmung/ Konstruktion des Betreffenden thematisieren, andererseits die objektiven Bedingungen, formalen Regelungen der Institution und vor allem die möglichen Sichtweisen und Reaktionen der anderen auf den Supervisanden als Hypothesen in die Reflexion einbringen. Sie verfolgt immer das Ziel, mit dem Supervisanden die Freiräume für die Gestaltung seiner beruflichen Rolle auszuloten.

1.4.2. Gruppensupervision

Eine der wesentlichen Formen der Gruppensupervision ist die bereits erwähnte Balintgruppe. Sie dient in ihrer klassischen Form der Arbeit an Fällen, die die Teilnehmer einbringen. Die emotionalen und interaktiven Reaktionen der Gruppenteilnehmer werden als Resonanz -oder Spiegelungsphänomene der Falldynamik gedeutet. In der Regel kommen die Teilnehmer aus unterschiedlichen Arbeitskontexten, stehen also nicht im unmittelbaren Arbeitszusammenhang. Sie bilden eine Strangergruppe, keine Familygruppe. Dies ist ein Unterscheidungsmerkmal zur Teamsupervision. In einer Gruppensupervision werden die Wahrnehmungsperspektiven der Teilnehmer ko-supervisorisch genutzt, d. h. die Perspektiven und Aspekte, die die anderen Gruppenteilnehmer einbringen, können die Wahrnehmungs- und Handlungsstrategien des einzelnen genauso bereichern und erweitern wie die Interventionen des Supervisors. Der Supervisor hat die Aufgabe, den Reflexionsprozess entsprechend seiner theoretischen Prämissen zu steuern. Er kann dabei einerseits auf die Helfer-Klient Beziehung, andererseits auf die institutionellen Rahmenbedingungen dieser Beziehung fokussieren, die sich z. B. in unbewussten Erwartungshaltungen niederschlagen, die zu der Institution passen (Buchinger in Pühl 1990, S. 144). In einer *systemisch*-orientierten Gruppensupervision mit Teilnehmern, die dieselbe Arbeitsaufgabe haben, z. B. Bewährungshelfern, Mitarbeitern der Familienfürsorge oder Familienhelfern können Methoden wie Skulptur oder Genogrammarbeit eingesetzt werden, dies allerdings nur, wenn genügend Vertrauen entstanden ist. Gerade die Skulpturarbeit bezieht die Gruppenteilnehmer intensiv ein und nutzt die Spiegelphänomene. Ziel ist, dass derjenige, der den Fall vorstellt, ein genaues Bild über seine Position im System und die Perspektiven der anderen Systemmitglieder - gedoubelt/gespiegelt durch die anderen Gruppenteilnehmer - erhält.

Schon 1975 hat Heinz Kersting ein frühes systemtheoretisches Modell der Gruppensupervision auf der Basis der Kommunikationstheorie vorgelegt. In seinem Buch „Kommunikationssystem Gruppensupervision - Aspekte eines Lernlehrverfahrens“ stellt er u.a. dar, wie sich die Watzlawickschen Kommunikationsaxiome auch auf die Deutung der Beziehungen in der Supervisionsgruppe anwenden lassen (vgl. auch Kersting 2000). Ein Modell der Gruppen- und Teamsupervision auf der Basis neuerer Systemtheorien - insbesondere Luhmann (1984) - hat 1990 Kornelia Rappe-Giesecke vorgestellt. Sie betrachtet Gruppensupervision daher als organisiertes Sozialsystem, das sich mit verschieden Programmen selbst steuert. „Organisierte Sozialsysteme haben vier permanente Probleme: Sie müssen sich in einer überkomplexen Umwelt erhalten, Anschluss an diese Umwelt schaffen und sich gleichzeitig von ihr abgrenzen. Sie müssen ihre interne Komplexität sichern. Alle diese drei Probleme müssen dann noch vom System in Prozesse umgearbeitet werden“ (Rappe-Giesecke 1990, S. 35). Um unterschiedliche Systemebenen zu erfassen greift sie auf vier Wurzeln zurück: - die Balintgruppenarbeit, um psychische Strukturen zu erfassen - die Gruppentherapie und -selbsterfahrung, die die psychische Struktur der Einheit Supervisionsgruppe betrachtet - die Organisationsentwicklung und die Theorie sozialer Systeme nach Luhmann (1984), die sich auf die soziale Struktur des Systems Gruppensupervision und die angrenzenden Systeme, z.B. Teams, beziehen. In diesen Theorien werden die Gruppenmitglieder vor allem unter dem Aspekt ihrer sozialen Rolle gesehen. Der Supervisor hat in Rappe-Gieseckes (1990) Modell die Funktion eines Katalysators, der Supervisand ist autonom, sich selbstregulierend, selbstreflexiv und zur Eigenverantwortlichkeit fähig. Gruppensupervision zielt also - analog zur Einzelsupervision - auf die Veränderung des einzelnen ab. Er soll kompetenter in die Interaktion mit seinen Kollegen und Klienten zurückkehren. Er muss einen Transfer leisten. Dagegen wird in der Teamsupervision mit dem Problemsystem selbst gearbeitet.

1.4.3. Teamsupervision

Teamsupervision ist ein Beratungsangebot, das heute zunehmend nachgefragt wird, man kann von einem Boom sprechen. Interessenten kommen nicht nur wie bisher üblich aus psychosozialen Arbeitsbereichen sondern auch aus Wirtschaftsunternehmen und freiberuflichen Arbeitsfeldern. Analog zur Familientherapie/Systemtherapie kommen hier die Beteiligten eines Arbeitssystems selbst zu Wort, ihre Perspektiven und Ansichten müssen nicht gedoubelt oder gespiegelt werden. Sie werden alle in den Prozess einer problemlösenden Konsensbildung über die konzeptionelle Gestaltung ihrer Arbeitsinhalte und -strukturen und die Reflexion über ihre Beziehungen einbezogen. Ein Team ist dadurch gekennzeichnet, dass die Beteiligten eines Arbeitssystems *arbeitsteilig* vorgehen (müssen), um eine komplexe Aufgabe zu erfüllen. Damit stellt sich ihnen die Aufgabe der Kooperation, die wiederum eine Abstimmung über Arbeitsziele, Arbeitskonzepte und -methoden, Ergebniskontrolle usw. voraussetzt.

Ein Arbeitssystem, in dem jeder autonom die gleiche Aufgabe selbständig erledigt, z. B. Bewährungshelfer, ist dagegen eine Arbeitsgruppe mit evtl. Aspekten eines Teams. Die Spezifika eines Teams sind damit die Kooperation und die Synergieeffekte. Die Effizienz eines Teams hat viel mit Atmosphäre und dem berühmten Teamgeist zu tun. Diese nicht so leicht fassbaren Variablen werden heute zunehmend als wesentliche Voraussetzung für Kreativität und Produktivität erkannt.

Der Beratungsbedarf in der Teamsupervision erstreckt sich auf Beziehungsbedürfnisse (Atmosphäre) und die Aufgabenerfüllung (Konzeption, Kreativität), Arbeitsabläufe und Kontextfragen, z. B. die institutionelle Einbettung des Teams oder Mittelkürzungen.

Da in einem Team die Teilnehmer nach der Supervision weiter zusammen arbeiten müssen, ist die Angst vor Bloßstellung, professioneller und persönlicher Abwertung, Statusverlust und Kränkung noch höher als in der Gruppensupervision. Der Supervisor muss also methodisch gezielt Voraussetzungen für Vertrauen und Offenheit schaffen. Im Unterschied zur Gruppensupervision hat das Beziehungssystem Team bereits eine Beziehungsgeschichte, die oftmals eine Kränkungsgeschichte ist. Häufig hatten und haben die Mitarbeiter und Mitarbeiterinnen auch private und intime persönliche Beziehungen, d. h. etliche Beziehungsprobleme haben ihre Wurzeln nicht in den zur Supervision anstehenden Arbeitszusammenhängen.

Nach Kersting und Krapohl (2000) hat Teamsupervision das „... Ziel der emanzipatorischen Bewusstwerdung von gesellschaftlichen, institutionellen und subjektiven Bedingungen und deren jeweiligen Auswirkungen auf das professionelle Handeln" (S. 61). Insofern soll Teamsupervision nicht zu unkritischer Anpassung, sondern zur Befreiung von persönlichen und institutionellen Zwängen führen.

Wesentliche Kommunikationsverbesserungen und Arbeitserfolge in einem Team können auch positive Auswirkungen auf die jeweilige Gesamtinstitution haben, ohne dass eine Organisationsberatung durchgeführt wird. Welche innovativen Auswirkungen für die Gesamtorganisation erfolgreich arbeitende Teams haben können, haben beeindruckend die Mitarbeiter der Unternehmensberatungsgesellschaft Mc Kinsey Katzenbach und Smith (1993) in ihrem Buch „Teams - Der Schlüssel zur Hochleistungsorganisation" gezeigt. Sie untersuchten Erfolgsteams in Wirtschaftsunternehmen und bestätigen u.a. die zentrale Bedeutung persönlicher guter Beziehungen der Teammitglieder. Nach ihren Ergebnissen ist eine andere wesentliche Voraussetzung für Erfolg im Team aber auch die Setzung und Verfolgung eines *anspruchsvollen* Arbeitsziels. Auch nach meiner Erfahrung ist eine wesentliche supervisorische Intervention in vielen Teams im psychosozialen Bereich, die Aufmerksamkeit der Teammitglieder von einer überwertigen Selbstbeschäftigung mit sich und ihren Beziehungen wieder auf Arbeitsinhalte zu lenken. In manchen Institutionen schließen nicht die Teammitglieder sondern die Leitung den Vertrag mit den Supervisor. Dies kann zu Loyalitätskonflikten führen, wenn z. B. in der Supervision deutlich wird, dass institutionelle Rahmenbedingungen für das jeweilige Team ein zentrales Problem darstellen. Hier muss der Supervisor Stellung beziehen, Partei ergreifen. Teamsupervisoren müssen stets unterschiedliche Systemebenen und die hohe Komplexität eines realen Arbeitsfelds im Blick halten und ihre eigene Position darin wahrnehmen. Insofern stellt Teamsupervision sehr hohe Anforderungen an den Supervisor.

1.5. Probleme der Supervisanden - Kompetenzen der Supervisoren

Ich möchte in diesem Abschnitt noch einmal zusammenfassend mögliche Problemlagen von Supervisanden darlegen, um daraus Aufgaben und Kompetenzanforderungen für den Supervisor abzuleiten. In den folgenden Kapiteln soll dann gezeigt werden, welche Konzepte systemische Ansätze für diese Aufgabe bereitstellen. Dazu möchte ich zunächst den Begriff „Modell" oder „innere Landkarte" einführen und definieren.

„Menschliche Erkenntnisstrukturen basieren zum großen Teil auf Abstraktionsprozessen. Dies gilt für das Alltagsdenken des Individuums ebenso wie für die Entwicklung wissenschaftlicher Modelle. In beiden Fällen dienen Paradigmen, Deutungsschemata dazu, die enorme Komplexität aller Wahrnehmungen zu reduzieren und zu ordnen" (Simon & Stierlin 1984, S. 14).

Mit Hilfe dieser Abstraktionsregeln entwickeln Individuen aber auch kleinere oder größere soziale Systeme ihre Modelle oder inneren Landkarten der Welt, an denen sie ihr Handeln orientieren. „In jedem Abstraktionsprozess vollzieht sich eine Bewertung: Es wird zielorientiert zwischen Wesentlichem und Unwesentlichem unterschieden" (S. 14). Modelle oder innere Landkarten bilden somit einen Bezugsrahmen, an dem sich auch Bewertung und Konstruktion von Sinn orientiert.

Unter dem Oberbegriff Modell oder innere Landkarte möchte ich auch Konzepte wie Ziele, Einstellungen, Motive, Affekte und Antriebe einordnen und folgendermaßen definieren: Modelle oder innere Landkarten bilden den Bezugsrahmen, an dem sich Individuen und soziale Systeme in ihrem Handeln orientieren. Dieser Bezugsrahmen entscheidet über Wahrnehmungsselektion, Konstruktion von Bedeutung/Sinn und Handeln. Ändert sich der Bezugsrahmen, ändert sich auch die Bewertung und somit das Handeln.

Ein Modell, wie kognitive und affektive innere Landkarten miteinander verwoben sind, hat z. B. Ciompi (1982) in seinem Buch „Affektlogik" vorgelegt. Ciompi (1982) hat dabei grundlegende Erkenntnisse Piagets über die Differenzierung kognitiver Strukturen mit Konzepten der Psychoanalyse und der System- und Kommunikationstheorie verknüpft (vgl. Simon & Stierlin 1984, S.

18). Denk-, Fühl- und Verhaltensschemata sind nach Ciompi (1982) eng miteinander verbunden und stellen den synchronen Niederschlag der lebensgeschichtlich diachron gemachten Erfahrungen dar. Entscheidend ist, dass Modelle, innere Landkarten oder affektlogische Bezugssysteme sich durch Aufnahme von Information, d. h. insbesondere Erfahrungen, die den Menschen kognitiv und emotional gleichzeitig berühren, differenzieren. Unterschiede werden eingebaut, und die inneren Schemata werden immer komplexer. Menschen tendieren dazu, nach den Prinzipien einer kybernetischen Regulierung auch das Gleichgewicht ihrer inneren Bezugssysteme, ihrer subjektiven Wirklichkeit aufrechtzuerhalten. Die dazu geeigneten Mechanismen hat die Psychoanalyse z. B. als Abwehrmechanismen beschrieben. Neben der Erfahrung in Verbindung mit Eigenreflexion führen auch die interaktiven Methoden der Reflexion, der Lehre, der Beratung und der Therapie zu einer Veränderung und Differenzierung der handlungsleitenden Modelle.

Ausgangspunkt von Reflexion, Beratung und Therapie sind gemachte Erfahrungen. Supervision als Mischform aus Reflexion, Beratung und Fortbildung hat die Aufgabe, zu einer Veränderung und Differenzierung *beruflicher* Wahrnehmungs- und Handlungsschemata beizutragen. Insofern muss jeder Supervisor mit der Exploration der beruflichen handlungsleitenden Modelle des Supervisanden beginnen. Quellen der supervisorischen Informationsgewinnung sind der Bericht des Supervisanden, die Inszenierung seines Beziehungsmodells in der Gruppe, im Team oder in der Interaktion mit dem Supervisor sowie Spiegelungen seines Modells in den kognitiven und affektiven Reaktionen der Supervisionsgruppe oder des Supervisors (Gegenübertragung).

In der Live-Supervision und Teamsupervision können die Beziehungsmodelle des Supervisanden in Bezug auf die Klienten, bzw. auf die Kollegen und Vorgesetzten direkt beobachtet werden. Welche Probleme sind es nun, die ein Supervisionsbedürfnis erzeugen? Grundsätzlich ist es die Erfahrung, dass die berufliche innere Landkarte keine befriedigende Orientierung im Berufsfeld bietet, sei es, dass ein Verhaltensmodell nicht zum gewünschten Ergebnis führt, sei es, dass eine Situation nicht durchschaubar scheint, Modelle und Orientierungen fehlen und der Supervisand „schwimmt“.

Diese Erfahrung kann sich zunächst rein affektiv oder sogar psychosomatisch niederschlagen (Unlustgefühle, Schlafstörungen, Stress usw.). Supervision wurde zunächst von Beziehungsarbeitern und für Beziehungsarbeiter im psychosozialen Feld entwickelt. Demnach begründen Beziehungsprobleme und die dahinterstehenden Modelle der Beziehungsaufnahme und -gestaltung an erster Stelle den Wunsch nach Supervision.

Jede Supervisionstheorie muss also auch eine Beziehungstheorie sein. Die Psychoanalyse z. B. befasst sich mit früh entstandenen Beziehungsmodellen und -bedürfnissen, die unbewusst auch in die berufliche Interaktion eingebracht werden. Auch die mehrgenerationelle Familientherapie rekonstruiert die Entwicklung von Beziehungsmustern, Lebensplänen und Motiven. Dabei wird in den letzten Jahren auch die entscheidende Bedeutung der Dimension *geschlechtsspezifischer* Erfahrung stärker betont. Diese muss in die Supervision ebenfalls einbezogen werden.

Nach meiner Erfahrung ist Genogrammarbeit äußerst hilfreich, um die Entstehung der *Berufsmotivation*, z. B. für einen helfenden Beruf zu erklären. Oft wird vor allem ein Berufsanfänger immer noch versuchen, ein Problem zu lösen, das er bereits als Kind nicht lösen konnte. So arbeiten dann z. B. Kinder von Alkoholikereltern in Alkoholberatungsstellen und wiedererleben ihr „Scheitern".

Gerade Berufsanfänger müssen in der Supervision lernen, ihre persönlichen Motive (Helfen, Schützen) und die methodischen und institutionellen Möglichkeiten und Grenzen ihres Berufsfeldes sowie die Eigendynamik und Eigenmotivation ihrer Klienten in Einklang zu bringen. Die Arbeit an diesen tief verwurzelten Beziehungsmodellen hat die größte Nähe zur Therapie. Es zeigt sich hier, dass in der Supervision eine klare Abgrenzung zwischen persönlichen und beruflichen Problemen nicht möglich ist, denn Beziehungsmodelle werden auf jeden Lebensbereich übertragen. Insofern sollte wenn notwendig der Supervisor sich auch nach dem Privatleben des Supervisanden erkundigen, gegebenenfalls eine Therapie empfehlen. Die nötige professionelle Distanz zu Klienten, Vorgesetzten oder Kollegen hat oft die Voraussetzung, dass bestimmte Beziehungsbedürfnisse, z. B. nach Wärme, Anerkennung, Intimität auch im Privatleben befriedigt werden.

Jedoch nicht nur frühe Beziehungsmodelle, Themen und Realitätskonstruktionen prägen die innere Landkarte des Supervisanden, sondern auch seine sekundäre und tertiäre Sozialisation. Hier werden weitere wahrnehmungsleitende Theorien, Problemlösungsmodelle und ethische Überzeugungen erworben und gefestigt. Ein männlicher Sozialarbeiter, der aus dem Arbeitermilieu stammt, nach der Hauptschule zunächst eine Lehre absolvierte, mit Ende Zwanzig auf dem zweiten Bildungsweg sein Fachabitur machte und dann Sozialarbeit studierte, wird andere Einstellungen und Herangehensweisen an das Arbeitsfeld Streetwork haben als eine vierundzwanzigjährige Diplompsychologin aus der Mittelschicht.

Weitere wesentliche Determinanten der inneren Landkarten sind die Nationalität und die aktuelle Lebenssituation. Alter, privater Status, z. B. verheiratet mit Kindern, und persönliche Krisen prägen Einstellungen, Engagement und Zielhorizont des Berufstätigen. Wer kurz vor der Rente steht, wird sich nicht umfassend neu fortbilden wollen.

Schließlich ist die Berufssozialisation im engeren Sinne und die aktuelle Position im Berufsfeld zu bedenken: wie viel Arbeitsfelder kennt der Supervisand, wie lange hat er seinen Arbeitsplatz inne, welchen formalen und informellen Status hat er, an welchen Theorien und Methoden orientiert er sich, welche Fort- und Weiterbildungen hat er besucht usw.

Dies ist nur ein unvollständiger Überblick. Supervision kann sich aber nicht auf die Frage beschränken, welche Modelle der Supervisand mitbringt, sondern der Supervisor muss auch ein eigenes Modell der anderen Seite, nämlich des Berufsfeldes haben. Dieses Berufsfeld ist einerseits ein Beziehungsfeld mit offenen und verdeckten Verhaltenserwartungen von Klienten, Kollegen und Vorgesetzten, andererseits spielen rechtliche, finanzielle und institutionelle Regelungen, Vorgaben und Kulturen eine Rolle, schließlich auch methodische und ethische Regeln und Traditionen sowie aktuelle fachspezifische Themen und Diskussionen, wie z. B. zur Zeit Fragen des sexuellen Missbrauchs und des Doing-Gender.

Diese Feldkenntnis braucht er u.a., um auf das Beratungs- und Orientierungsbedürfnis des Supervisanden reagieren zu können. Informationen z. B. über Kontextaspekte, Simulationen der möglichen Einstellungen und Perspektiven der anderen Konfliktpartner, Hinweise auf methodische Entwicklungen usw. definieren hier Supervision als berufliche Fortbildung. Eine Vielzahl nützlicher Beziehungstheorien für die Analyse von Interaktionssituationen, die das Interaktionsgeschehen auch im Hier und Jetzt erfassen, hat die Familientherapie entwickelt. Diese Konzepte beschreiben beziehungsdynamische Problemkonstellationen wie z. B. Triangulierung, Grenzverletzungen, Symmetrie oder Perverse Dreiecke (vgl. z. B. Watzlawick et al. 1969 und 1980). Supervisoren können sich daran orientieren, um mit dem Supervisanden eine Landkarte seines Beziehungsumfeldes zu entwickeln.

Nach meiner Erfahrung entsteht in der Regel eine große Erleichterung bei einem Supervisanden, wenn er erkennt, dass er nicht „spinnt", sondern in seiner Position, z. B. als Heimpsychologe, tatsächlich im Brennpunkt widersprüchlicher Rollenanforderungen von Heimleitung und Mitarbeitern steht und im Konfliktfall trianguliert wird.

Ich vertrete die Auffassung, dass ein Supervisor nicht nur eine auf Personen bezogene Kompetenz und methodische Kompetenz sondern auch eine zumindest allgemeine Feldkompetenz braucht. Unter Personenkompetenz verstehe ich das Wissen und die Fähigkeit, die Entwicklung von Menschen unter verschiedenen Sozialisationsbedingungen einzuschätzen und zu verstehen, wie sich ihre Modelle der Welt herausbilden und wie diese ihr Handeln bestimmen.

Dies betrifft Supervisanden, Klienten und die eigene Person (Selbsterfahrung). In die Personenkompetenz geht auch Lebenserfahrung ein, die sich in intuitivem Handeln zeigt. Methodische Kompetenz bezieht sich auf die Kenntnis zumindest einer relevanten Arbeitsmethode, sei es eine Therapie- oder Beratungsmethode sowie Theorien des Lernens und die Methodik des Supervisionsprozesses.

Feldkompetenz umfasst Kenntnisse über verschiedene Klientengruppen mit spezifischen Problemen, die institutionellen Bedingungen, unter denen Professionelle mit diesen Klienten arbeiten, Kenntnisse über Beziehungsdynamiken und Beziehungsprobleme sowie über die Kulturen und Realitätskonstruktionen, die in diesen Feldern vorherrschen. Der Supervisor braucht diese Doppelperspektive von Landkarte des Supervisanden und Feldkenntnis, denn seine leitende Fragestellung ist: „Wie orientiert sich der Supervisand, d. h. mit welchen Modellen und Verhaltensweisen, in seinem spezifischen Berufsfeld und welche Folgen hat das?" Der Supervisor muss also *hypothetische* Einschätzungen darüber entwickeln, wie der Supervisand sein Berufsfeld innerlich repräsentiert und bewertet, wie er dann reagiert und wie dann wiederum Klienten, Kollegen und Vorgesetzte auf ihn reagieren, d. h. ob und wie er zu den Problemen beiträgt, die er empfindet.

Muß das wirklich so sein? Es ist eine Konstruktion

Dies ist natürlich bereits eine systemische Beschreibung der supervisorischen Aufgabenstellung, denn sie geht von Zirkularität aus. Der Supervisand ist nicht nur Opfer, er erzeugt Bilder und Reaktionen bei seinen Interaktionspartnern, auf die diese dann reagieren. Die Metaperspektive des Supervisors über das Handeln des Supervisanden in seinem Feld wird diesem im supervisorischen Dialog zur Verfügung gestellt. Dadurch kann er sich gewissermaßen von außen betrachten und seine eigene Landkarte erweitern.

Grundsätzlich ist es das Ziel der Supervision, die Optionen des Supervisanden in seinem Berufsfeld durch Reflexion oder Information zu erhöhen. Das heißt natürlich nicht, dass jedem Supervisanden geholfen werden kann, seine Ziele zu erreichen, sondern oft erweitern sich die Wahlmöglichkeiten erst, wenn nicht erreichbare Ziele aufgegeben und erreichbare angestrebt werden und professionelle Bescheidenheit Platz greift.

2. Systemisch-konstruktivistische Erklärungsmodelle

2.1. Der Paradigmawechsel

Systemisches Denken kennzeichnet ein allgemeines wissenschaftliches Programm oder Paradigma und keine in sich abgeschlossene Theorie (vgl. Woltmann-Zingsheim 1997). Es umfasst sehr verschiedenartige Denkmodelle aus verschiedenen Disziplinen, deren Gemeinsamkeit der nicht-reduktionistische Umgang mit Komplexität ist, z. B. Allgemeine Systemtheorie, die Autopoiesetheorie Maturanas, Kybernetik, Kommunikationstheorie, Konstruktivismus, Chaostheorie usw.. Es löst das mechanistisch-reduktionistische Wissenschaftsparadigma ab, das bis heute existiert und durch das Denken Descartes' und Newtons geprägt wurde (vgl. Capra 1982). Das systemische Denken in Relationen berührt auch das Verhältnis von Beobachter und Beobachtungsobjekt und wirft grundlegende erkenntnistheoretische Fragen auf.

Den Wechsel vom reduktionistischen Wissenschaftsmodell zu einem systemischen bezeichnet Guntern (1980) als „kopernikanische Wende", als Paradigmawechsel. Er bezieht sich dabei auf den Wissenschaftshistoriker Thomas Kuhn (1979), der in der Geschichte der Naturwissenschaft konstatiert, dass die normale Wissenschaft immer auf grundlegenden paradigmatischen Prämissen beruht, die die Erklärungsmuster, Methoden und zulässigen Fragestellungen determinieren. Dabei zeigen sich im Laufe der Zeit immer abweichende Beobachtungsdaten und Phänomene, die mit den basalen Prämissen nicht oder nur noch mit geistigen Verrenkungen vereint werden können. Schließlich werden die grundlegenden Annahmen geändert, und es ergeben sich die Möglichkeiten für den Bau neuer Theorien. Solch ein Paradigmenwechsel war z. B. der Übergang vom geozentrischen zum heliozentrischen (dem kopernikanischen) Weltbild.

Inwieweit sich die Psychologie noch in einem vorparadigmatischen Zustand befindet, d. h. in einer Konkurrenz verschiedenster basaler Denkansätze, kann ich hier nicht klären. Bestehen bleibt die Tatsache, dass auch psychologische Erklärungsansätze unterschiedlich mit Komplexität umgehen. In der Libidotheorie Freuds werden beispielweise unterschiedlichste Symptome als Triebabwandlungen erklärt, im Behaviorismus Watson und Skinners werden Reiz-Reaktionsfolgen und Konditionierungen als wesentliche Grundbausteine des Verhaltens postuliert, wohingegen in einem systemischen Modell Symptome als Feldphänomene multifaktoriell bedingt gesehen werden.

Guntern (1980) charakterisiert das reduktionistische Paradigma als monokausal. „Es beruht auf einem oft rigiden Alles-oder-Nichts-Determinismus, und es reduziert die Ätiologie beobachtbarer Phänomene auf einen einzigen Faktor" (S. 4). Solche reduktionistischen Bemühungen finden sich auch heute noch z. B. in der biochemischen Hirnforschung, die versucht, Verhalten über Psychopharmaka zu steuern. Das systemische Paradigma dagegen erklärt Verhalten kontextuell als Folge eines komplexen transaktionellen Feldes, in das genetische Dispositionen, Lernprozesse, Kommunikationsmuster auf den Ebenen von Familie, Beruf und größeren sozialen Systemen sowie Umweltfaktoren und Ressourcen oder Ressourcenmangel eingehen. Alle diese Faktoren schaffen nur Möglichkeiten und Wahrscheinlichkeiten für Verhalten und sind keineswegs determinierend. Systemische Ansätze gehen von hohen Autonomiegraden und der Selbstorganisation der Menschen aus. Guntern (1980) spricht von einem probabilistischen Determinismus.

Systemischem Denken liegt - wie aus dem o. g. hervorgeht - die Idee der organisierten Ganzheit zugrunde, d. h. ein System verhält sich in seiner Ganzheit qualitativ anders als die Summe seiner Einzelteile. Daher lassen sich Systeme auch nicht allein reduktionistisch durch Zergliederung in Einzelelemente erklären, wie es etwa die analytische Denkmethode und der mechanistische Ansatz von Descartes und Newton vorsehen. Vielmehr wirkt die Gesamtheit des Systems nach Rückkopplungsprinzipien organisierend auf die Einzelteile zurück (Rekursivität).

Biologische und soziale Systeme koordinieren ihre Gesamtaktivität, um bestimmte Parameter in einem gegebenen Kontext/Milieu stabil zu halten (Homöostase). Dem Reduktionismus entgegengesetzt ist das systemische

Konzept der Kontextualisierung. Der Ausbruch einer Krankheit lässt sich beispielsweise einerseits auf Viren zurückführen, andererseits spielt für die Stärke der Erkrankung der Zustand der Abwehr des Menschen eine Rolle, und dieser wiederum hängt mit den aktuellen Umweltbedingungen und der Lebenssituation (Stressfaktoren) zusammen.

Es ist nun aber nicht so, dass das analytische Vorgehen falsch wäre. Die Erfolge der Naturwissenschaften seit dem 17. Jahrhundert beruhen in hohem Maße auf ihm. Analytisches Vorgehen als Methodologie erfasst jedoch nur einen Teilaspekt. Wesentliche Impulse zum Systembild der Welt gingen von der Physik aus. Es tauchten physikalische Phänomene auf, die sich einer analytisch-mechanistischen Erklärung entzogen, wie der Elektromagnetismus und vor allem Phänomene im subatomaren Bereich (vgl. Capra 1982). Dies führte zur Entwicklung der Relativitätstheorie und der Quantentheorie durch Einstein, Heisenberg, Planck, Bohr u. a.. Der subatomare Bereich stellt sich heute als kompliziertes Gewebe von Beziehungen dar. Isolierte Grundbausteine gibt es nicht. Zentrum systemischen Denkens ist nicht die *Natur* der beobachteten Phänomene sondern ihre *Beziehung, Wechselwirkung* und *Vernetzung.*

Ging Newton mit der Prämisse der kartesianischen Spaltung von Geist und Natur noch von der Welt als einem *objektiv* beschreibbaren mechanischen System aus (Newtonsche Weltmaschine), wurde in der neuen Physik - bezogen auf die Doppelnatur des Elektrons als Teilchen und Welle - der Einfluss des Beobachters, seines Versuchsaufbaus und seiner Beschreibung des Phänomens auf das Ergebnis deutlich (Heisenbergsche Unschärferelation) (vgl. Capra 1982, S. 82 ff.).
„Das Elektron besitzt keine von meinem Bewusstsein unabhängigen Eigenschaften. In der Atomphysik kann die scharfe kartesianische Unterscheidung zwischen Geist und Materie, zwischen dem Beobachter und dem Beobachteten, nicht länger aufrecht erhalten werden. Wir können niemals von der Natur sprechen, ohne gleichzeitig von uns zu sprechen“ (Capra 1982, S. 91).

Dieser Aspekt der Abhängigkeit der Phänomenbeschreibung oder -konstruktion vom Beobachter gilt um so mehr in der Psychologie und den anderen Sozialwissenschaften. Schon die Gestaltpsychologie konzipierte Wahrnehmung als Figur-Hintergrundphänomen.

„Die traditionelle Sichtweise, dass Menschen und Dinge bestimmte Qualitäten und Merkmale in und von sich selbst 'haben', wird aufgegeben zugunsten der zirkulären (bzw. systemischen) Annahme, dass sich solche Merkmale nur in Beziehung *zeigen*" (Böse & Schiepek 1989, S. 219).

Solche kontrastierenden Merkmale anderer Menschen sind natürlich auch die Prämissen und Theorien (wissenschaftlicher) Beobachter. Insofern wirft systemisches Denken wieder die alte epistemologische Fragestellung auf „Was können wir erkennen?" Erkenntnis unter diesen Prämissen dient nicht mehr der Findung einer objektiven „Wahrheit", sondern Phänomene zeigen sich unter immer neuen Beobachtungsaspekten, und es stellt sich die Frage nach den *Folgen* einer bestimmten Betrachtungsweise. Damit werden Verantwortung und Ethik für Erkenntnis konstitutiv.

Selbstverständlich ist auch der systemische Ansatz eine mögliche Sichtweise und nicht die „Wahrheit". Sein Wert wird sich an seinen Folgen und an seinem Nutzen erweisen.

2.2. Prinzipien der Selbstorganisation

Befasst man sich mit lebenden Systemen, biologischen und sozialen, stellt sich die Frage, mit welchen Mechanismen diese auch in einer sich ständig verändernden Umwelt ihre Gestalt und Ganzheit aufrechterhalten, Autonomie gewinnen, und sich andererseits weiterentwickeln.

Der entscheidende Mechanismus ist der 1948 von Norbert Wiener beschriebene *Feedback -Mechanismus*, der im Regelkreis wirksam wird. Mit Hilfe von negativem (Abweichung verminderndem) Feedback erzeugt das System einerseits immer wieder einen Gleichgewichtszustand (Morphostase/Homöostase), andererseits ist es auch in der Lage, notwendige Wandlungsprozesse mit Hilfe von positivem (abweichungsvergrößerndem) Feedback zu erzeugen (Morphogenese/Transformation).

Diese Wandlungsprozesse, die eine Neueinstellung des Reglers beinhalten, werden durch Umwelteinflüsse erzwungen, die nicht mehr mit Hilfe des negativen Feedback kompensiert werden können. Watzlawick (1969) nennt diesen

Vorgang Neukalibrierung. Der bereits erwähnte Paradigmawechsel, der Zusammenbruch des „Realsozialismus" oder die notwendige Neueinstellung eines Paares auf die Elternrolle nach der Geburt eines Kindes sind solche Neukalibrierungen.

Man darf sich allerdings nicht vorstellen, dass nun statt der Teile des Systems der Kontext das System *determiniert*. Die höhere Systemebene oder Umwelt kann den Verhaltensspielraum eines Systems nur beschränken. Wegen der relativen Autonomie eines Systems ergeben sich immer verschiedene Optionen, und das kleinere System wirkt auch wieder auf das Größere ein (Ko-Evolution).

Beispielsweise entwickelte sich in der Evolution der Sauerstoffgehalt der Erdatmosphäre mit der Entwicklung der Algen, und der gestiegene Sauerstoffgehalt machte die Entwicklung anderer Lebensformen möglich. Bateson (1981) wies darauf hin, dass sich der Landschaftstyp der Savanne mit der Entwicklung der Huftiere herausbildete.

Für die Prozesse in auf Dauer angelegten Interaktionssystemen (Ehen, Teams) müssen wir generell von Ko-Evolutionsprozessen ausgehen. Lebende Systeme sind also in der Lage, ein dynamisches Gleichgewicht in der Umwelt zu wahren, wenn sie über eine entsprechende komplexe interne Differenzierung verfügen oder diese erwerben d. h. die Fähigkeit zu o. g. Operationen. Nur ein System, dass zu diesen grundlegenden Neueinstellungen, Akkomodationen in der Lage ist, d.h. in der Lage ist, zu lernen, wie man lernt (nach Bateson 1981 „Lernen zweiter Ordnung"), wird in einer sich wandelnden Umwelt überleben, Ultrastabilität erlangen (vgl. Cadwallader in Zapf 1970, S. 142).

Weil seine Regelungsprinzipien für ein System determinierender sind als seine Ausgangszustände, ergibt sich das Prinzip der *Äquifinalität*. Gleiche Endzustände, z. B. Natur - und Kulturzerstörung, können in sehr verschiedenen Landstrichen entstehen, wenn sich die Wirtschaft den Regeln des Massentourismus unterwirft. Endzustände können also nicht durch kausale Reduktion aus Anfangszuständen hergeleitet werden.

Diese Überlegungen allerdings stellen die linear kausale Alltagslogik der meisten Menschen am nachhaltigsten in Frage. Im Systemdenken tritt an ihre Stelle die zirkuläre „Kausalität" und die Suche nach den organisierenden Regeln. Ursachen führen zu Wirkungen und diese wiederum bewirken die Ursachen. Nach Watzlawick (1969) entsteht kausale Logik durch willkürliche Interpunktion eines Regelkreises. Die meisten Interaktionssituationen sind so gestrickt: z. B. meint der Supervisand, sein Klient sei widerständig, und er müsse nun Maßnahmen ergreifen, der Klient meint, der Sozialarbeiter verstehe ihn nicht, und er versucht, sich in dem für ihn relevanten Kontext stabil zu halten und sich gegen den Druck des Sozialarbeiters zu wehren, was dieser wieder zum Anlas nimmt, mehr Druck zu machen, woraufhin der Klient nicht mehr zu Terminen erscheint usw.. In diesem Regelkreis wirkt das Prinzip der symmetrischen Eskalation.

Einen besonderen Beitrag zur Theorie der Selbstorganisation leisteten die chilenischen Neurobiologen Maturana und Varela (1987). Ihre Forschungen gehen auf den Anfang der 70er Jahre zurück. Sie untersuchten biologische Systeme und führten mit ihrer Theorie auch eine neue Terminologie ein, die sich von der technischen Systemtheorie unterscheidet. Das Thema ist die Selbstorganisation des Lebens, die Autopoiese. Autopoietische Maschinen erzeugen durch ihr Operieren ihre eigenen Bestandteile, ihr Ziel ist Fortbestand. Sie sind strukturdeterminiert und durch strukturelle Koppelung mit der Umwelt verbunden. Strukturdeterminismus bedeutet, dass die Struktur eines Systems sein Verhalten determiniert, nicht die Umwelt. Umweltreize können ein System nur zum Operieren nach seinen eigenen Prinzipien anregen, pertubieren. Ludewig (1992) benutzt dafür den Begriff „Verstörung". Daraus folgt, dass die einseitige Kontrolle eines Systems von außen nicht möglich ist. Instruktive Interaktion ist allenfalls eine einseitige Beschreibung durch einen Beobachter.

Beispiel: Wenn ich eine Fortbildungsveranstaltung durchführe, wird am Ende der Veranstaltung jeder Teilnehmer - angeregt, pertubiert durch meine Worte - seine eigene Veranstaltung erzeugt haben. Über einige, mit denen ich Konsens gefunden habe, werde ich denken, dass ich ihnen etwas beigebracht habe (= monokausale Annahme einer instruktiven Interaktion), andere, die nicht so begeistert schienen, kann ich als widerständig, uninteressiert o. ä. konnotieren (= nicht zirkuläre personale Attribuierung).

Aus der Perspektive des Strukturdeterminismus ist mir lediglich mit einigen eine strukturelle Koppelung gelungen, mit anderen nicht. Jede Seite hatte daran aktiv ihren Anteil, denn nach Maturana (1987) sind Systeme operationell geschlossen. Einen „Informations -Input" gibt es nicht.

Umweltereignisse werden nur zum Anlas genommen, um mit der eigenen Struktur zu interagieren. Der Organismus kann aber auch selbst die Bedingungen ändern, unter denen die Umwelt einwirken kann, z. B. lernen. „Was die spezifischen Freiheitsgrade lebender Systeme ausmacht, ist es gerade die Möglichkeit, Umweltanstöße durch den Filter operational geschlossener, systemeigener Sprache und Prozesse betrachten zu können, um dann 'selbst', d. h. strukturdeterminiert über die Art und Bedeutung dieser Anregungen entscheiden zu können" (Böse & Schiepek 1989, S. 121 f). Damit ist operationale Schließung die Voraussetzung für Autonomie.

Den gleichen Aspekt der Autonomie lebender Systeme hat auch von Foerster (1985) mit seiner Theorie nichttrivialer Maschinen (=Systeme) hervorgehoben. Eine triviale technische Maschine funktioniert stets nach den gleichen Regeln. Das Verhalten der nicht-trivialen Maschine ist dagegen geschichtsabhängig, sie entwickelt ihre Funktionsregeln weiter. Inwieweit die biologischen Theorien Maturanas (1987) überhaupt auf Interaktionssysteme übertragen werden können, kann ich hier nicht diskutieren, doch hatten sie für die Beratungswissenschaften erhebliche Auswirkungen (siehe unten).

Frühere technische Systemmodelle, z. B. das Sender-Empfänger Modell von Shannon & Weaver (vgl. Graumann 1972, S. 1155) erzeugten z. B. in der Familientherapie die Idee, dass Systeme informationsoffen seien und bei guter Analyse und Planung durch die Intervention des Therapeuten determiniert werden könnten (vgl. die erste Phase der Mailänder Schule). Demgegenüber folgt aus den Theorien Maturanas (1987) eine größere Bescheidenheit der Berater und Therapeuten, da diese Theorien die Autonomie der beratenen Systeme betonen. Auch das Beratungsverhältnis wird heute eher als ein koevolutionäres bestimmt.

Vor allem muss der Berater einen Zugang zu den internen Zuständen (Programmen) strukturdeterminierter Systeme bekommen, ansonsten sind sie analytisch unbestimmbar.

2.3. Der Konstruktivismus

Die bereits erwähnten Ergebnisse der Quantenphysik und der Neurobiologie Maturanas (1987) legen die Vermutung nahe, dass Erkenntnis nie objektiv sein kann. Auch der Biophysiker und Kybernetiker von Foerster (1973) hat auf der Grundlage neurophysiologischer Untersuchungen die Theorie entwickelt, dass Erkennen das „Errechnen" einer Wirklichkeit ist. Die Sinneszellen teilen dem Gehirn nichts über die Qualität, sondern nur die Quantität der Empfindungen mit. Das Gehirn errechnet aus der elektromagnetischen Reizung der Sehzellen Licht, Farbe usw., also die Qualitäten, die wir unserer Welt zumessen (vgl. von Foerster in Watzlawick (Hrsg.) 1984, S. 44 ff.).

Die innere Repräsentanz der Außenwelt, die entsteht, hängt von der Struktur des Nervensystems und der Sinneszellen ab. Z. B. repräsentiert eine Fliege ein Zimmer anders als ein Mensch. Sie repräsentiert schon ganz gewiss kein Zimmer, denn dies ist eine spezifisch menschliche Kategorie. Die Struktur des wahrnehmenden Organismus ist ein erster großer Filter, der Wahrnehmung determiniert. Man denke auch an die unterschiedlichen Repräsentationen der Außenwelt durch Blinde, Taube und Gesunde. Diese Überlegungen stützen nicht die erkenntnistheoretische Position des Solipsismus, denn Menschen stellen in der Gemeinschaft eine *Konsensrealität* her.

Verlässt man die basale Ebene der Wahrnehmung und kommt man zu Begriffen, Bedeutungen und komplexeren Kategorien und Modellen, den bereits erwähnten inneren Landkarten, so wird erst recht deutlich, dass diese in Konsensrealität erzeugte, konstruierte Wahrnehmungsinstrumente sind, die u. a. im Prozeß der Sozialisation angeeignet werden. Diese Begriffe, Konzepte und Kategorien haben natürlich auch eine historische Dimension, in ihnen spiegeln sich Arbeitspraktiken, Weltbilder und Interessenlagen von Menschen, Gruppen und Klassen vergangener Zeiten.

Holzkamp (1973) spricht in seiner Wahrnehmungstheorie von Gegenstandsbedeutungen als Grundkategorien menschlicher Wahrnehmung. Dass die Grundkategorien menschlicher Anschauung Raum und Zeit der Erfahrung vorgehen, darauf hat schon Kant in der „Kritik der reinen Vernunft" hingewiesen. Der Philosoph Vico betont die *aktive* Konstruktion des Erkennens und

Wissens und die Einschränkung des Wissens durch die Geschichte des Konstruierten, die vorhandenen Konstruktionen (vgl. Glasersfeld in Watzlawick, Hrsg., 1984).

In der Neuzeit wurde Wahrnehmung zu einem wesentlichen Thema der Psychologie, besonders Piaget (1975) hat zur Frage des Aufbaus und der Veränderung kognitiver Schemata beigetragen. Die beiden dabei wirksamen Mechanismen sind die Assimilation als Einfügen von Informationen in vorhandene Schemata, sowie die Akkomodation als Prozeß der Differenzierung und Weiterentwicklung dieser Schemata.

Entscheidend ist nun die Frage, was diese Wahrnehmungskategorien und -bilder tatsächlich sind. Der Radikale Konstruktivismus bezweifelt, dass sie homomorph, bildhaft mit der „Welt draußen" übereinstimmen, es lässt sich nur sagen, dass sie für bestimmte Zwecke *passen.* Kognitive Tätigkeit ist also auf Zwecke und Ziele gerichtet. Ein zentrales Ziel ist der Aufbau einer Welt, in der Vorhersagbarkeit und damit Verhaltenssicherheit existieren und Überleben möglich ist, also die Kontrolle und Steuerung der Lebensumstände. Die „wirkliche" Welt offenbart sich dort, wo Konstruktionen scheitern, z. B. auch gesellschaftliche Wirklichkeitskonstruktionen wie der Faschismus oder der „Realsozialismus". D. h. die „wirkliche" Welt begrenzt das Passen möglicher Theorien, determiniert diese aber nicht im positiven Sinne. Damit gilt für geistige Modelle und innere Landkarten das gleiche System-Umwelt-Verhältnis wie in der Evolution (s. o.).

Wirklichkeitsbeschreibungen können immer nur mehr oder weniger angemessen sein. Auch ein Schlüssel bildet ein Schloss nicht unbedingt ab; das Schloss definiert die Klasse von Schlüsseln oder Dietrichen, die passen könnten (vgl. Glasersfeld in Watzlawick, Hrsg., 1984, S. 28 ff). Im Kern geht es darum, die Idee aufzugeben, es gäbe eine einzige Wirklichkeitsbeschreibung, die die Wirklichkeit tatsächlich trifft, die Wahrheit. Der Radikale Konstruktivismus grenzt sich vom metaphysischen Realismus ab, der von einer absolut unabhängigen „objektiven" Wirklichkeit ausgeht und die Übereinstimmung mit dieser zum Wahrheitskriterium erhebt.

In einem Vortrag weist Ludwig Reiter (1991) darauf hin, dass sich auch der Realismus vom naiven Abbildrealismus hin zum Kritischen Realismus entwikkelt hat. Denken wird hier als anpassungsfähiges Erkenntnisinstrument gesehen, Erkenntnis hat hypothetischen Charakter, und es wird konzediert, dass nicht die Dinge an sich, sondern auf den Menschen wirkend erfasst werden. Andererseits leugnet kein Konstruktivist die Existenz einer Außenwelt.

In der Debatte um das Grundthema, inwieweit wir die Welt *erfassen* oder *erschaffen*, scheint es damit zu Annäherungen zwischen Realisten und Konstruktivisten zu kommen. Watzlawick (1988) umgeht diese Grundsatzdebatte und macht eine für Therapie und Beratung wichtige Unterscheidung, indem er die Kategorien: Wirklichkeit erster und zweiter Ordnung einführt (S. 105). Die Wirklichkeit erster Ordnung ist die wissenschaftlich nachprüfbare (Konsens-) Realität, z. B. die physikalischen Eigenschaften des Goldes.

Zur Wirklichkeit zweiter Ordnung gehört z. B. sein Wert, sie entsteht durch Zuschreibungen in menschlichen Sinnkontexten, ist Bedeutungsrealität. Im Folgenden ist von dieser Bedeutungsrealität die Rede. Die wohl wesentlichste Konsequenz, die sich aus dem Konstruktivismus und der Annahme einer Einheit von Beobachter und Beobachtetem ergibt, ist die Verantwortung, die wir für unsere Konstruktionen übernehmen müssen. Wir können unser Handeln nicht mehr so billig mit „Wahrheit" legitimieren. Wir sind verantwortlich vor allem für die sprachlichen Kategorien und Theorien, die wir entwickeln. Dazu das Folgende.

2.4. Die Bedeutung der Sprache

Neben dem Nervensystem und dem Gehirn stellt die Sprache das eigentliche Instrument menschlichen Denkens und menschlicher Realitätskonstruktion dar. Die in ihr vorgegebenen Kategorien, die in sie eingewobenen Logiken und die bereitstehenden und verwendeten Klassifikationen präformieren und begrenzen unsere Erkenntnis. Dass die Sprache eine Grenze unserer Welt ist, darauf hat schon Ludwig Wittgenstein in seinen Schriften hingewiesen. Bandler & Grinder (1984) ordnen sie unter die sozialen Filter ein. Sie verweisen z. B. auf das Maidu, eine Indianersprache Nordkaliforniens, die die 7500 möglichen Farbunterscheidungen im sichtbaren Farbspektrum lediglich in drei Gruppen fasst: lak = rot, tit = grün-blau, tulak = gelb, orange, braun (S. 30). Wer nur diese Sammelkategorien kennt, wird auch anders wahrnehmen. Bekannt ist auch, dass in der Eskimosprache erheblich mehr differenzierte Bezeichnungen für die verschiedenen Schneearten existieren als z. B. im Deutschen.

Hier wird aber auch deutlich, dass - wie oben ausgeführt - die Differenzierung und Selektion der Wahrnehmung auch im Zusammenhang mit dem Überleben des menschlichen oder sozialen Systems in seinem Kontext zu sehen ist. Sprache dient der menschlichen Koordinierung und dabei vor allem der Koordinierung der Arbeit. Andererseits entwickelt das Symbolsystem Sprache eine eigene Realität, ein Eigenleben.

Bei vielen Begriffen ist unklar, welche Realität oder Erfahrung und ob überhaupt eine mit ihnen symbolisiert wird. Insbesondere stehen allgemeine Begriffe, die innere Zustände repräsentieren wie Schmerz, Angst, Liebe usw. in der Regel für durchaus unterschiedliche Erfahrungen verschiedener Menschen. Diese unterschiedlichen biographischen Erfahrungen sind dann neben Sensorium und Sprache der dritte Filter, der die persönlichen Realitätskonstruktionen und Modelle bestimmt.

Die Grundfrage ist, gibt es ein Terrain, das der Landkarte entspricht. Andererseits erzeugen Menschen, die entsprechend einer Landkarte handeln, ihr Terrain zum Teil selbst (Rückbezüglichkeit). Hayakawa (1976) unterscheidet entsprechend in seinem Entwurf einer Allgemeinsemantik zwischen der extensionalen und der intensionalen Bedeutung eines Wortes: „Die extensionale Bedeutung einer Äußerung ist die, die auf die extensionale (physische) Welt hinweist“ (S. 85). „Die intensionale Bedeutung eines Wortes oder Ausdrucks ist dasjenige, was in unserem eigenen Gehirn vor sich geht, wenn wir den betreffenden Ausdruck hören“ (ebd., S. 86).

Der extensionale Aspekt einer Äußerung verweist auf Realität, und sei es eine Konsensrealität („Dies ist ein Stuhl“.), der intensionale Aspekt ist subjektiv und nicht mit allen Menschen konsensfähig („Nachts wachen Engel über meinem Bett.“). Die Werbung erzeugt fast ausschließlich eine intensionale Welt. („Die zarteste Versuchung seit es Schokolade gibt“.). Die moderne Linguistik geht grundsätzlich davon aus, dass kein Wort für verschiedene Menschen jemals genau dieselbe Bedeutung hat.

Selbst solche Generalisierungen wie „Stuhl“ rufen bei unterschiedlichen Menschen jeweils andere Assoziationen über Sitzgelegenheiten hervor. Dies fällt nur solange nicht auf, bis aus Sprache Handeln folgt, z. B. ein Teammitglied nach der Einigung, dass Stühle gebraucht werden, Stühle kauft, und die anderen entsetzt sind, weil sie die konkreten Stühle für unbequem halten. Diese Überlegungen führen nun dazu, dass in jeder reflexiven Kommunikation, und dazu gehört Therapie genauso wie Supervision, eine Einigung über Bedeutungen hergestellt werden muss, denn jeder Mensch hat im Laufe seiner Entwicklung einen eigenen Modus der Repräsentation von Erfahrungen entwickelt, und hinter generalisierten Begriffen stehen, wie erwähnt, unterschiedliche subjektive Erfahrungen.

Therapeuten und Supervisoren müssen die subjektiven inneren Landkarten ihrer Klienten erschließen, denn ihre Aufgabe ist, zu deren Veränderung, d. h. Erweiterung und Differenzierung, beizutragen. Neue Informationen, Unterschiede lassen sich nur einführen, wenn von vorhandenen Landkarten ausgegangen wird.

Bandler & Grinder (1984) haben den Prozeß beschrieben, wie Menschen aus ihren Erfahrungen sprachliche Modelle bilden, und wodurch diese oft so verarmt sind, dass sie dem Menschen keine sinnvolle Orientierung in seinem gegenwärtigen Leben oder Arbeitsfeld mehr bieten, denn diese Modelle steuern das Handeln. Sie gewannen ihr Modell u. a. aus der Beobachtung berühmter Therapeuten wie Perls, Satir oder Milton Erickson. Nach diesem Modell ist die in einer Kommunikation angebotene Äußerung nur die Oberflächenstruktur einer dahinter liegenden Tiefenstruktur.

Diese Unterscheidung geht auf die Disziplin der Transformationsgrammatik und letztlich auf Wittgenstein zurück. Die Tiefenstruktur einer Äußerung ist die vollständige sprachliche Repräsentation einer Erfahrung. Im Prozeß des Sprechens treffen Menschen eine Reihe von zumeist unbewussten Wahlen, mit denen sie die Tiefenstruktur zur Oberflächenstruktur transformieren. Das führt zu Bedeutungsverlust und Bedeutungsveränderung.

Die Mechanismen mittels derer diese Transformationen vorgenommen werden, sind Generalisierung, Tilgung und Verzerrung. Eine Tilgung liegt vor, wenn der Klient oder Supervisand Teile seiner ursprünglichen oder möglichen

Erfahrung aus seinem Modell entfernt hat, z. B. zunächst nur ein diffuses Gefühl äußert „Ich habe Angst." Der Therapeut oder Supervisor muss nun die fehlenden Teile erfragen: wovor, wann, wie fühlt sich das genau an, wie oft, unter welchen Umständen besonders usw.. Dabei kann er nach Bandler & Grinder (1984) auf seine sprachliche Intuition über die Vollständigkeit und semantische Wohlgeformtheit von Sätzen vertrauen.

Unter Verzerrung verstehen sie alle Prozesse, die eine Umgestaltung des Erlebens ermöglichen, z. B. gegenwärtige Simulationen zukünftiger Ereignisse oder Umdeutungen, die es dem einzelnen ermöglichen, sein Modell der Welt konsistent zu halten. Jemand nimmt z. B. an, er sei nicht liebenswert und wird auf eine Sympathiebekundung hingewiesen. Jetzt deutet er um „das sagt der ja nur, weil er etwas von mir will."

Eine wichtige Form der Verzerrung ist die Nominalisierung. Dadurch wird ein Prozeß, in dem der Betreffende eigentlich verantwortlich handelndes Subjekt ist, zu einem abgeschlossenes Ereignis, das seiner Kontrolle entzogen ist, umgedeutet, also „meine Scheidung ist schmerzlich" anstatt „dass meine Frau und ich uns entschieden haben, uns scheiden zu lassen, schmerzt mich" (ebd. S. 102). Man könnte gegebenenfalls hinzufügen: „Aber ich bin auch nicht bereit, diese Entscheidung rückgängig zu machen, oder sie um Verzeihung für meinen Seitensprung zu bitten" usw..

Auch die Ausblendung von Zirkularität, bzw. einseitige Schuldzuweisungen sind Verzerrungen. „Mein Kollege macht mich rasend durch seine Langsamkeit" anstatt „dass mein Kollege Arbeitsaufgaben so langsam erledigt und immer langsamer wird, weil ich ihm Druck mache, stört auch diesmal wieder meinen hohen Anspruch an Leistung".

Beim ersten Modell ist klar, dass der Kollege sich ändern muss, beim zweiten ergeben sich verschiedene Optionen, den Teufelskreis von Druck und Widerstand zu durchbrechen.

Der dritte Transformationsmechanismus ist die Generalisierung. Sie „...ist der Prozeß, durch den Elemente oder Teile eines persönlichen Modells von der ursprünglichen Erfahrung abgelöst werden, um dann die gesamte Kategorie, von der diese Erfahrung ein Beispiel darstellt, zu verkörpern" (ebd. S. 35).

Bestimmte einmalige oder wiederholte Lebensereignisse werden zu die Zukunft bestimmenden Lebensregeln verallgemeinert. „Zeige Deine Gefühle nicht." „Sei immer korrekt." usw.. Oder die Erfahrung, von einer bestimmten Frau abgelehnt zu werden, wird zu „Frauen mögen mich nicht", generalisiert.

Eine Sprachform, deren Reflexion in der supervisorischen Praxis sehr wichtig ist, ist die Präsupposition (ebd. S. 118). Die Aussage: „Ich befürchte, dass der neue Kollege genauso unzuverlässig ist wie sein Vorgänger" impliziert, dass der Vorgänger unzuverlässig war. Eine wesentliche Operation eines Supervisors oder Therapeuten ist, die unausgesprochenen Vorannahmen der Supervisanden zu erkennen und der Reflexion zugänglich zu machen.

Das Verdienst von Bandler & Grinder (1984) besteht m. E. darin, dass sie die Sprachformen genau beschrieben haben, die auf Einschränkungen in den Modellen der Klienten hindeuten, und davon konkrete Fragetechniken und Interventionen abgeleitet haben.

Welches ist nun die grundlegende geistige und sprachliche Operation, die unsere Erfahrung schafft und unser Verhalten leitet? Es ist die Operation der Unterscheidung. Der englische Philosoph und Logiker Spencer Brown (1969) hat in seinem Werk dargelegt, dass Kategorienbildung auf einer Innen- Außen Unterscheidung beruht.

Fritz Simon (1993) hat in seinem Buch „Unterschiede, die Unterschiede machen" diese Theorie ausführlich dargestellt (S. 57 ff.). „Beobachten heißt unterscheiden und bezeichnen" (ebd., S.60). Auch Bateson (1981) hat Information definiert als Unterschied, der einen Unterschied macht.

Jeder Begriff definiert eine Klasse von Objekten, Sachverhalten o. ä., die dazugehören, einen Bedeutungsraum und schließt gleichzeitig alles andere aus. Es ist deutlich, dass es erheblich unterschiedliche Konsequenzen hat, von welchen Unterscheidungen, d. h. Begriffen, Kategorien wir unser Verhalten leiten lassen, z. B. Arier vs. Untermenschen, Ausbeuter gegen Ausgebeutete, Männer vs. Frauen, Gläubige gegen Ungläubige, Kranke und Gesunde. Manche philosophischen Systeme und viele soziale Realitätskonstruktionen beruhen auf primitiven polarisierenden Unterscheidungen, denen Bedeutung zugemessen wird. Dies gilt leider auch für einige berufliche Realitätskonstruktionen. Die bei der Kategorienbildung weiterhin zum Zuge kommende Operation ist die Abstraktion.

Der Allgemeinsemantiker[(1)] Alfred Kozybski (1933) hat schon in den 30er Jahren den Abstraktionsprozess als Absehen von Unterschieden beschrieben. Hayakawa (1976) gibt das Beispiel der Kuh Liesel, die einmalig ist. Schon ihre Klassifizierung als Kuh lenkt den Beobachtungsschwerpunkt von ihren Unterschieden zu anderen Kühen auf die Gemeinsamkeiten mit diesen.

Dabei geht Hayakawa (1976) davon aus, dass bereits unsere Wahrnehmung des konkreten Tiers von der Tatsache abstrahiert, dass dieses ein biologischer Prozess ist, d. h. sie ist jeden Tag ein bisschen anders, z. B. älter. Wir nehmen sie heute und morgen aber als dieselbe wahr. Auf der subatomaren Ebene ist sie, wie alles was existiert, ein Partikeltanz. Auf höheren Abstraktionsebenen wird Liesel, die Kuh, zum Viehbestand und ihre Gemeinsamkeit mit Schweinen und Ziegen hervorgehoben, dann zum Betriebsinventar - und schon hat sie etwas mit einem Mähdrescher gemeinsam, dann zum Vermögensposten und zum Reichtum. Auf dieser Ebene sind fast alle sie charakterisierenden Merkmale ausgelassen (S. 238 ff).

Die entscheidende Frage ist nun, ob ein bestimmtes Abstraktions- oder Konkretisierungsniveau für den jeweiligen Handlungszweck sinnvoll ist oder nicht. Für viele Handlungen ist die Voraussetzung, abstrakte Kategorienebenen zu verlassen und auf konkrete Betrachtungsebenen zu kommen, d. h. Ebenen, auf denen mehr Unterschiede in den Blick geraten. Dies ist z. B. ein Anliegen jeder Differentialdiagnose. Die Frage lautet also: „Was darf man ungestraft weglassen?“ Man denke an den Berliner Witz: „Die Alpen sind auch nichts Besonderes, wenn man sich die Berge wegdenkt.“

[(1)] „Allgemeinsemantik ist das Studium der Bedingungen, unter denen Zeichen und Symbole einschließlich der Worte als sinnvoll angesehen werden können. Es ist weiter das Studium, wie das menschliche Verhalten durch Worte beeinflusst wird, mögen sie von anderen gebraucht oder denkend zu sich selbst gesprochen werden“ (Hayakawa 1976, Vorwort S.1). Watzlawick (1969) ordnet dagegen die Wirkungen der Kommunikation in die „Kommunikationspragmatik“ ein.

Sinnentleerte Abstraktionen zeichnen sich dadurch aus, dass sie nicht konkretisierbar sind, gute Abstraktionen bieten allgemeine Handlungsorientierungen. Hayakawa (1976) verweist z. B. auf das Gebot Jesu „Alles nun, das ihr wollt, dass euch die Leute tun sollen, das tut ihnen auch" (ebd., S. 195).

Ich widme mich hier so ausführlich dem Thema Bildung von sprachlichen Repräsentanzen und Kategorien, weil der Supervisor über die gemeinsame Reflexion der sprachlichen Modelle seines Kunden Einfluss auf dessen Handeln nehmen soll. Dabei braucht er aber eine Theorie, diese sprachlichen Modelle zu beurteilen, ein Metamodell. Er wird dafür bezahlt, dass er Unterschiede einführt, die für den Supervisanden Unterschiede machen, und das betrifft auch den Konkretisierungs- und Abstraktionsgrad von dessen Modellen.

„Es ist also offensichtlich, dass eine fesselnde Rede und fesselnde Schriftstükke ebenso wie klares Denken und seelisches Wohlbefinden das ständige Wechselspiel von Abstraktionen auf höherer oder niederer Ebene mit nicht-verbalen 'Objekt'-Ebenen erfordert" (ebd., S. 198). In diesem Zusammenhang ist zu erwähnen, dass ein häufiger Fehler die Verwechslung von Landkarte und Terrain ist. Abstrakte Bezeichnungen, die Menschen angeklebt werden, rufen auch tief emotionale Reaktionen hervor, die das Handeln präformieren: Jude, Nazi, manisch-depressiv, dissozialer Jugendlicher, Opfer-Täter usw., d. h. Begriffe evozieren vorurteilsbeladene Handlungsprogramme.

Hayakawa (1976) nennt diese auf Abstraktionen aufgebauten Sprachspiele Scheinwelten und gibt Regeln für den Abstraktionsprozess. Man solle sich bewusst sein, dass

„1. Dinge, die gleich aussehen, nicht gleich sein müssen;

2. dass Dinge, die den gleichen Namen haben, nicht notwendigerweise die gleichen sind; und

3. dass Urteile, die auf Berichten beruhen, keine Berichte sind" (ebd., S. 215).

Individuelle und gesellschaftliche Handlungsprogramme beruhen auf Klassifikationen. Für die Behandlung eines Mörders ist es z. B. wichtig festzustellen, ob er zurechnungsfähig, d. h. verantwortlich ist oder nicht. Die Frage: „Ist er böse oder krank", entscheidet über seine Karriere in Gefängnis oder Psychia-

trie. Der Psycholinguist Osgood (1975) hat in einer interkulturellen Studie untersucht, dass auch die affektive Verhaltenssteuerung unabhängig von der gesprochenen Sprache auf den drei Klassifikationsdimensionen: aktiv-passiv, stark-schwach sowie gut-böse beruht.
Für den Urmenschen reichte es, zu wissen, ob der ihm begegnende Tiger stark, aktiv (= wach) und böse (= hungrig) oder schwach (= verletzt), passiv (=schlafend) und gut (= tot) war, um das Verhaltensprogramm Kampf oder Flucht, bzw. Fellabziehen auszulösen. Das Programm Kampf und Flucht hat psychosomatisch seine Basis im Stressmechanismus (vgl. Simon 1984, S. 339 ff).

Klassifikationen sind der Ausgangspunkt für Bedeutungsgebungen. Als Bedeutung definiere ich die Verknüpfung einer Klassifikation mit einer Handlung oder einem komplexen Handlungsprogramm. Klassifikationssysteme sind immer von bestimmten historischen Situationen und Zwecken abhängig. Schon Hayakawa, dessen Buch erstmals 1939 in den USA erschien, vertritt einen konstruktivistischen Standpunkt „... die Gesellschaft betrachtet die Klassifikationssysteme als 'wahr', die die gewünschten Ergebnisse bringen" (Hayakawa 1976, S. 295) und „Die Wissenschaft sucht nach den möglichen allgemein zweckdienlichen Klassifikationssystemen; diese betrachtet sie solange als 'wahr', bis zweckdienlichere gefunden werden" (ebd.).

Nebenbei sei erwähnt, dass auch Humor und Witz auf unerwarteten Klassifikationsverschiebungen beruhen. „Tut mir leid", sagte der Zahnarzt, „ich kann mich heute nicht mit ihnen befassen, ich muss achtzehn Löcher füllen." Dann nahm er seinen Golfsack und ging.

Wie schon erwähnt, liegt vielen Klassifikationen eine zweiwertige Einstellung zugrunde, eine Polarisierung. Korzybski (1933) führt dies auf die aristotelische Logik zurück.

> „A ist A (Gesetz der Identität).
>
> Alles ist entweder A oder Nicht-A (Gesetz des ausgeschlossenen Dritten).
>
> Nichts ist zugleich A und Nicht-A (Gesetz der Widerspruchsfreiheit)."
>
> (Hayakawa., S. 318).

Wenn Menschen diese für die Mathematik sinnvollen Prinzipien auch auf ihre handlungsleitenden Kategorien und Landkarten übertragen, schließen sie Vielfalt und Ambivalenz aus. Vor allem Gefühle kennen kein „entweder-oder" sondern sind oft augenblicksbezogen und ambivalent.

Liebe und Hass können gleichzeitig nebeneinander bestehen. Gefühle signalisieren „sowohl als auch" (Simon 1984, S. 344). Sie werden aber oft in das Korsett zweiwertiger Logik gepresst oder für zweiwertige Erklärungssysteme mobilisiert („Gegen die Verräter der Arbeiterklasse!" usw.). Aus Abstraktionen und zweiwertigen Einstellungen folgt sehr oft Unmenschlichkeit. Totalitäre Regime benutzen die Manipulation der Sprache als Teil ihrer Machtstrategie.

So konnten im Dritten Reich die Juden und andere „Untermenschen" von der SS relativ emotionslos vernichtet werden, nachdem die abstrakte Kategorie Arier-Jude erst einmal mit (absolut) gut und (absolut) böse assoziiert war. Interessant sind auch Berichte, dass selbst Menschen, die diese Ideologie teilten, gelegentlich einen *konkreten* „guten Juden" kannten.

Ein zentrales Interventionsprinzip in vielen Therapien und Beratungsmethoden ist daher die Öffnung zweiwertiger Kategorien, zweiwertigen Denkens zu mehrwertigem, die Einführung von Unterschieden und Abstufungen, die Einführung unterschiedlicher Perspektiven, die der Komplexität, Ambivalenz und Situativität des realen Lebensprozesses besser gerecht werden, vom Universum zum Multiversum. In vielen Fällen führt der Mittelweg weiter.

Die meisten Problemlösungen als notwendige Anpassungen an veränderte Kontexte werden dadurch verhindert, dass Menschen die Probleme selektiv in ihren abstrakten, oft zweiwertigen sprachlichen Modellen repräsentieren und nicht den Blick nach außen auf die Vielfalt der konkreten Erfahrungs- und Handlungsmöglichkeiten richten.

Beispiel: Die Einführung einer kürzeren Arbeitszeit mit Einkommenseinbußen für die Arbeiter bei VW gegen den Verzicht auf Kündigungen bedeutete für Unternehmer und Gewerkschaften die Abkehr von manchen liebgewonnen abstrakten Prinzipien. Diese Lösung wäre auf der Basis bisheriger ideologischer Festlegungen nicht möglich gewesen.

Realitätskonstruktionen sollten zwar - wie in der Wissenschaft - immer nur als vorläufige Hypothesen gesehen werden. Vor allem Praktiker sollten nicht von unumstößlichen *Gewissheiten* ausgehen sondern das Ungewisse erwarten, davon ausgehen, dass ihre Landkarten immer nur *Teilaspekte* des Geländes abbilden. Für Veränderung ist jedoch immer der Zusammenhang des einzelnen Bedeutungsbausteins (Kategorie) mit dem ganzen Sinnsystem zu bedenken, und dieses hat einen Sinn für das praktische und soziale Überleben des Betreffenden im Beziehungskontext und weiteren sozialen Kontext. Dies wird an der Herkunft und dem bedingenden Kontext von Einstellungen deutlich. Beruhen sie auf meinen Erfahrungen, oder sind sie Übernahmen institutioneller Einstellungen, mit denen ich mich als zugehörig zu meiner Familie, meinem Arbeitsplatz oder meiner Therapieschule definiere und meine Identität bilde. Identität ist ja das, was trotz ständigem Wandel gleich bleiben soll. Die Notwendigkeit von Identität ergibt sich aus der Notwendigkeit von interpersoneller Vorhersagbarkeit, Berechenbarkeit in einem Sozialsystem. Sie ist gewissermaßen eine Eintrittskarte. Ich werde nur solange als Mitglied eines sozialen Systems akzeptiert, solange ich dessen zentrale Realitätskonstruktionen teile, z. B. bestimmte Glaubensdogmen in der Katholischen Kirche.
Bei zu starker Abweichung droht Exkommunizierung, also Ausschluss aus dem Kommunikations- und Sinnverband. Für die Supervision sind Berufsrolle und -identität des Supervisanden von Bedeutung. Sie sind komplexe berufliche Sinnsysteme. Daher sind einzelne Einstellungs- und Verhaltensänderungen oft nur möglich, wenn ihre Auswirkungen auf das gesamte Sinnkonstrukt reflektiert werden. („Wie werde ich als Leiter eingeschätzt, wenn ich plötzlich neue kooperative Methoden einführe?").

Dieser Aspekt ist nun nicht mehr Gegenstand der Semantik sondern der Kommunikationspragmatik.

2.5. Von der Familientherapie zur Systemischen Therapie

Das erste Praxisfeld der Angewandten Psychologie, in dem systemische Modelle zum Zuge kamen, war die Familientherapie. Ich werde hier die Entwicklung der Familientherapie und der Systemischen Therapie kurz darstellen, weil eine Reihe der in der systemisch-konstruktivistischen Supervision verwandten Theorien und Techniken von diesen Therapieformen übernommen wurden.

Die Familientherapie kennt nicht eine einzige Gründerpersönlichkeit, sondern - angetrieben von Unzufriedenheiten mit den Grenzen der Individualtherapie - entwickelten in den 40er Jahren eine Reihe von Psychiatern und Psychoanalytikern in den USA Modelle, in denen individuelle Symptome auf Interaktionen bezogen wurden. Zunächst konzentrierte sich der Blick auf die Zweipersoneninteraktion (z.B. Levys Konzept der „Schizophrenogenen Mutter"), später wurde der Beobachtungsfokus auf die ganze Familie und das Verwandtschaftssystem erweitert sowie die Mehrgenerationenperspektive einbezogen. Die Erfahrungen, die die Suche nach neuen Erklärungsmodellen motivierten, waren z. B., dass sich Symptome eines Kindes nach Rückkehr in die Familie wieder einstellten, oder dass nach Heilung eines Kindes ein anderes Symptome entwickelte. Systemansätze fokussieren dementsprechend nicht auf den Syrnptomträger sondern auf interaktive Muster und Dynamiken.

Einen entscheidenden Anstoß erhielt die familiensystemische Therapieforschung durch das Forschungsprojekt von Bateson und seiner Arbeitsgruppe, das sich mit der Schizophrenie und ihrem Kommunikationskontext befasste. 1956 erschien das Buch von Bateson, Jackson, Haley, Weakland und anderen: „Towards a Theory of Schizophrenia", das u. a. die berühmte double-bind-Theorie der Schizophrenie enthielt. Schizophrenie erschien in diesem Licht als „... die einzig mögliche Reaktion auf einen absurden und unhaltbaren zwischenmenschlichen Kontext ... (eine Reaktion, die den Regeln dieses Kontextes folgt und ihn zu verewigen hilft)" (Watzlawick u. a. 1969, S. 49).

Diese Ergebnisse wurden allerdings erst 1969 ins Deutsche übersetzt. Das Buch von Watzlawick u. a. „Menschliche Kommunikation", das in Deutschland im selben Jahr erschien, stellt u. a. Ergebnisse dieses Forschungsprojekts dar und ist als erste kybernetisch-systemische Theorie menschlichen Verhaltens zu betrachten. Es befasst sich mit den verhaltensmäßigen (pragmatischen) Wirkungen der Kommunikation.

1959 wurde das Mental Research Institut (MRI) in Palo Alto gegründet, dem u. a. Virginia Satir, Haley, Bateson und Watzlawick angehörten. Das MRI kann als eine wesentliche Keimzelle der Familientherapie betrachtet werden (vgl. Kriz 1991, S. 236 ff.). Wesentlichen Einfluss hatten darüber hinaus u. a. Ackermann aus New York, Bowen vom National Institute of Mental Health und Framo, die systemisch-psychoanalytische Konzepte entwickelten. Boszormenyi-Nagy bezog die ethische Dimension ein, Whitaker betonte die Notwendigkeit emotionaler Erfahrung, Minuchin dagegen die Rolle der Familienstruktur und der Grenzen (vgl. Gurman & Kniskern, 1981). In Deutschland entwickelte Horst-Eberhard Richter (1963) ab 1960 ein psychoanalytisch-systemisches Modell, ab 1975 vertraten Helm Stierlin (1975) und seine Heidelberger Gruppe, ausgehend von der Psychoanalyse, zunehmend einen systemischen Ansatz. Dieser beruht wesentlich auf der Arbeit der Mailänder Forschungsgruppe von Selvini-Palazzoli, Prata, Cecchin und Boscolo (1977). Dieses Mailänder Modell setzt die Gedanken Batesons wohl am konsequentesten um und ist auch als wesentlicher Ausgangspunkt einer systemisch-konstruktivistischen *Therapiepraxis* zu betrachten.

Heutige Exponenten des Heidelberger systemischen Ansatzes sind neben Stierlin: Weber (1989), Simon (1993) und Retzer (1991). Auch die strukturelle Familientherapie (Minuchin 1977), der strategische Ansatz von Haley (1977) und die lösungsanalytische Kurzzeittherapie Watzlawicks (1974) werden zu den Wurzeln der Systemischen Therapie gerechnet. Reiter (1991) konstatiert, dass am Anfang der 80er Jahre eine tiefe Unzufriedenheit mit dem Stand klinischer Theorien auftrat, dies betraf die Beschreibung des Gegenstandsbereichs, die Beziehung von Therapeut und Klient sowie die Expertenrolle des Therapeuten. Der dann eingetretene Theoriewandel von der Kybernetik erster zur Kybernetik zweiter Ordnung löste Theorien ab, die die Kontrollmöglichkeit/-fähigkeit sowie die diagnostische Objektivität des Therapeuten implizierten und betonte die Autonomie des Klientensystems. Er beruht auf den bereits dargestellten Theorien von Maturana und dem Konstruktivismus. Das Postulat des Strukturdeterminismus lebender Systeme durch Maturana (1987) lenkte die Aufmerksamkeit der Therapeuten wieder auf innere Prozesse bei den Klienten und deren Sicht der Realität.

Der erste Watzlawicksche Entwurf (1969) einer Kommunikationstheorie in dem Buch „Menschliche Kommunikation" ging noch ausdrücklich vom blackbox-Modell aus. Reiter (1991) sieht in diesem Wandel eine Analogie zur kognitiven Wende in der Psychologie. Eine erhebliche Konsequenz hatte dieser Perspektivenwandel von der Außen- zur Innensteuerung für die therapeutischen Techniken. Drastische Interventionen wie z. B. paradoxe Schlusskommentare wurden aufgegeben für Konversation und Reflexion. Es entwickelte sich ein Stil des Nichtinterventionismus statt manipulativer, auf schnellen Effekten bedachter Taktiken.

Tomm (1988) entwickelte - aufbauend auf dem Zirkulären Fragen der Mailänder Schule - die Technik des Reflexiven Fragens. Die Beachtung der Geschlechterperspektive führte zur Fragestellung, ob es unterschiedliche Einstellungen und Vorgehensweisen von männlichen und weiblichen Therapeuten gibt (vgl. Rücker-Embden-Jonasch & Ebbecke-Nohlen 1992). Den Klienten gegenüber wurde die Expertenrolle aufgegeben, die davon ausging, dass der Experte den *richtigen* Weg weiß (vgl. Schweitzer & Retzer & Fischer 1992).

Die Kybernetik zweiter Ordnung bezieht den Beobachter (Therapeuten, Wissenschaftler, Supervisor) mit ein: „Wie tragen seine Konzepte und Beobachtungsschwerpunkte zur *Erzeugung* einer (sprachlichen) Interaktionsrealität bei?"

Hingewiesen wird eigentlich nur auf das offensichtliche, nämlich dass eine Interaktion, z. B. ein Gespräch, eine Koproduktion ist. Wie unterschiedlich produktiv oder „widerständig" Gespräche durch den „Experten" gestaltet werden können, weiß jeder, der schon einmal Fortbildungen in Gesprächsführung durchgeführt hat.

Krankheitskonzepte und Diagnostik können keinen absoluten Objektivitätsanspruch mehr stellen. So ist es z. B. für Diagnostik charakteristisch, dass sie in der Regel eine Defizitdiagnostik ist, d. h. es werden Symptome, Zeitpunkt und Häufigkeit ihres Auftretens usw. beschrieben. Auch in der Familientherapie wurde der Versuch unternommen, spezifische gestörte Kommunikations- und Interaktionsmuster und spezifische individuelle Pathologien zu korrelieren, z. B. im Konzept der „psychosomatischen" Familie. Diese Spezifitätshypothese ist gescheitert. Der Defizitfokus führt in der Therapiepraxis unweigerlich dazu, dass sich die therapeutischen Gespräche um Probleme und immer wieder Probleme drehen.

Demgegenüber hat de Shazer (1989) den Ansatz entwickelt, auf die Ausnahmen zu fokussieren: „Was macht der Klient schon gut?", „Wann trat das Symptom nicht auf?" usw.. In solchen Therapiegesprächen werden die Ressourcen und Selbsthilfemöglichkeiten der Klienten betont, sie werden selbst als Experten angesehen. Das Gespräch dreht sich um Lösungen und Zukunft. Goolishian (1988) beschränkt die Expertenrolle des Therapeuten sogar auf seine Beherrschung der Gesprächskunst.

Reiter (1991) möchte mit dem Begriff „Behandlungspartnerschaft" die Verantwortung beider Seiten betonen. Diese Veränderung der Einstellung und der Interventionsstrategien des Beraters findet sich auch in der Systemfischen Supervision wieder. Allerdings sind die Konzepte Maturanas noch so abstrakt, dass auch Konzeptionalisierungen des Klienten als „Mitglied eines Problemsystems" und der Therapie als „Verstörung" noch nicht so recht befriedigen können (vgl. Ludewig 1992). Daher sind m. E. auch die ersten systemischen Theorien, wie z. B. Watzlawicks (1969) Kommunikationsaxiome keineswegs obsolet. Sie werden aber auf ihre Wirkung und Nützlichkeit hinterfragt, wie z. B. Minuchins Modell der Grenzen, dem eine zu große Normativität vorgeworfen wurde.

Für eine differenzierte Theorie systemischen klinischen Handelns müssen Theorien andere Herkunft, z. B. Kognitionstheorien, Sprachtheorien, Handlungstheorien, Entwicklungspsychologie, Motivationstheorien, Lerntheorien, Psychoanalyse usw. kritisch revidiert und integriert werden, um „innersystemische" psychische und kognitive Prozesse zu erfassen. M. E. geht es vor allem um die Frage der Konstruktion von Bedeutung und Sinn.

Therapeuten und Supervisoren müssen an dem „Expertenwissen" ihrer Klienten, ihren Bedeutungs- und Sinnsystemen ansetzen, denn diese sind es ja, die sich selbstreferentiell bestätigen. Dabei ist auch die Wechselwirkung mit den Sinnkonstruktionen umgebender Systeme von Bedeutung, z. B. das Leistungsprinzip in der Gesellschaft und beim einzelnen. Auch das Verhältnis und die Interdependenz von Körper, Seele und sozialer Umwelt muss noch besser begrifflich und forschungsmethodologisch erfasst werden. Mit anderen Worten, die systemischen Ansätze sind noch immer in der Weiterentwicklung.

3. Systemisch-konstruktivistische Supervision

Was ergibt sich nun aus dem Bisherigen für das Beratungsangebot Supervision?

Ohne die grundlegende Streitfrage zwischen Realisten und Konstruktivisten klären zu können, inwieweit wir auch die dingliche Wirklichkeit finden oder erfinden, beziehe ich mich im folgenden auf die soziale, die Bedeutungswirklichkeit, nach Watzlawick (1988) die Realität zweiter Ordnung. Dass diese eine konstruierte ist, darüber lässt sich wahrscheinlich Konsens finden. Die Existenz verschiedenster Kulturen zu verschiedenen Zeiten, die alle ihren eigenen Stil haben, zeigt, dass Menschen mit sehr unterschiedlichen sozialen und Sinnkonstruktionen leben können, sofern diese nur die Befriedigung gewisser Grundbedürfnisse im Umgang mit der dinglichen Welt gewährleisten. Zentralistische oder demokratische Organisationsformen, die Betonung des Individuums oder der Gemeinschaft, kriegerische oder friedliche Gesellschaften, religiöse oder atheistische Glaubenssysteme - vieles scheint möglich, hat aber jeweils spezifische Auswirkungen.

Auch Arbeit ist unter vielfältigen organisatorischen und Sinnvorgaben möglich, z. B. in staatlichen Großinstitutionen wie dem Jugendamt oder in einem selbstverwalteten Projekt. Auch hier hat der einzelne Berufstätige jeweils spezifische Vor- und Nachteile. In den folgenden Abschnitten werde ich, ausgehend von diesen theoretischen Prämissen, einige Grundbegriffe und Prinzipien systemisch-konstruktivistischer Supervision darstellen und erläutern. Diese Begriffe und Grundsätze wurden überwiegend in der Systemischen Therapie entwickelt. Der Weg systemisch-konstruktivistischer Supervision ist die Transformation und Rekonstruktion des vom Supervisanden angebotenen Problems nach diesen Prinzipien.

3.1. Kontextualisierung und Perspektivenwechsel

Wenn ein Berufstätiger ein Problem hat, z. B. einen Streit mit einem Kollegen, ist er sich in der Regel nicht bewusst, in welchem komplexen Kontext dieses steht, sondern neigt in der Regel zu einer personalen Attribuierung, d. h. der Kollege oder er selbst ist schuld, ignorant o. ä.. Seine Perspektive bzgl. Problemdefinition und Lösungsweg ist eingeengt. Ich werde am folgenden Beispiel auch weitere *theoretische* Aspekte benennen.

Beispiel: (siehe Schema weiter unten) Ein Erzieher und eine Erzieherin sind im Streit, ob eine Jugendliche, die immer wieder aus dem Heim nach Hause zurückkehrt und dort Tage verbringt, nicht entlassen werden sollte. Die Erzieherin vertritt die Meinung, man solle ihr diese Ausnahmen erlauben, der Erzieher die Meinung, dies würde die Gruppe durcheinanderbringen, Pädagogik sei bei zu vielen Ausnahmen nicht mehr möglich. Der Erzieher vertritt also die Seite der Regeln, die Erzieherin das Prinzip der Betrachtung des Einzelfalls. Der Erzieher A., der auch eine informelle Leitungsposition als Dienstältester hat, wird von zwei Kolleginnen unterstützt, die Erzieherin von einem Kollegen, der seit längerem in Rivalität zu dem ersten Erzieher steht. Die Erzieherin E. ist die Dienstjüngste. Unabhängig von Inhalten ließe sich der Konflikt also schon als Beziehungskonflikt zwischen den Erziehern und Erzieherinnen A. C. D. und B. E. verstehen, z. B. als Versuch von B. und A., sich Verbündete zu suchen. Würde dies offengelegt, könnten die Erzieherinnen u. U. davon Abstand nehmen, sich als Verbündete ge- oder missbrauchen zu lassen. Eine andere Dimension kommt ins Spiel, wenn man die Dynamik in der Gruppe der Jugendlichen in Rechnung stellt. Auch hier kann eine Rivalität vorliegen, und es kann sich herausstellen, dass die Fronten ähnlich verlaufen wie in der Erziehergruppe, wenn die rivalisierenden Erzieher jeweils Bezugserzieher für die entsprechenden rivalisierenden Jugendlichen sind.

Folgendes Schema bietet einen Überblick über mögliche in der systemischen Supervision zu betrachtende Systemebenen:

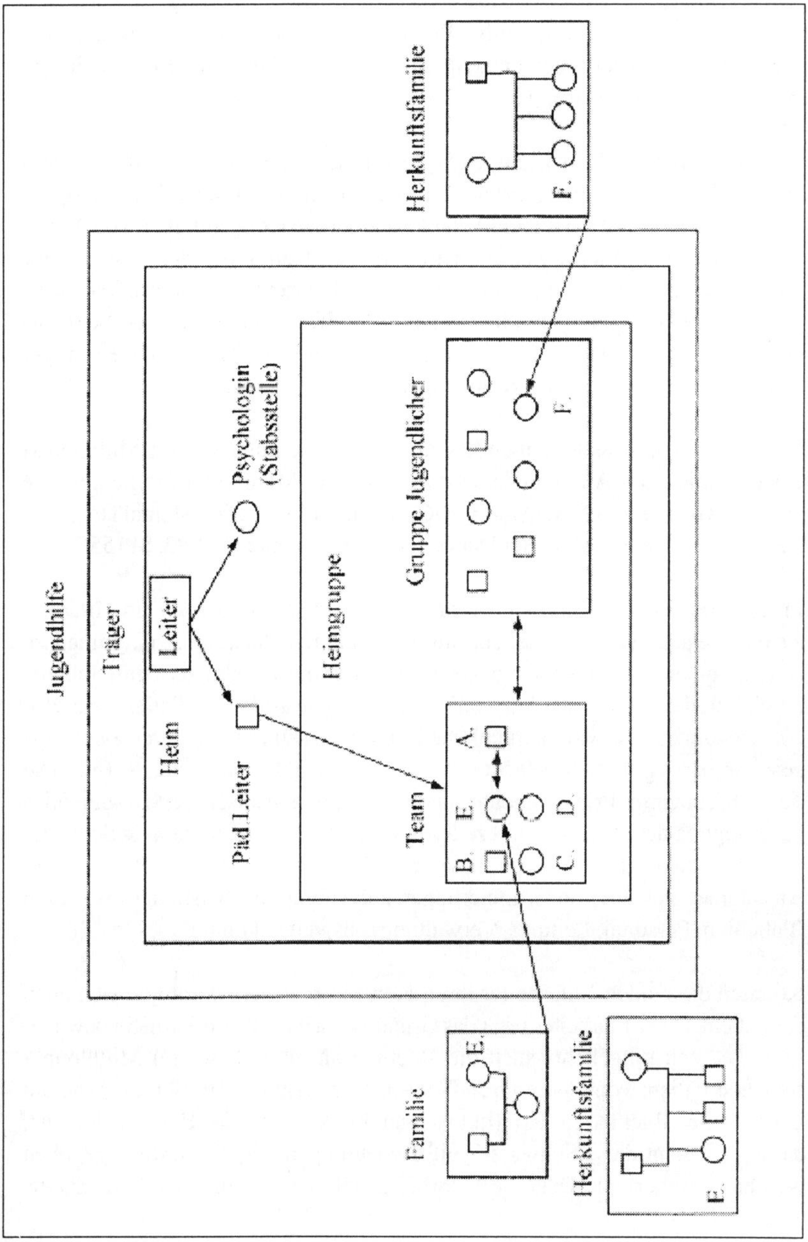
Jugendhilfe
Träger
Heim
Leiter
Psychologin
(Stabsstelle)
Päd.Leiter
Heimgruppe
Team
B.
E.
A.
C.
D.
Gruppe Jugendlicher
F.
Herkunftsfamilie
F.
Familie
E.
Herkunftsfamilie
E.

Es findet also eine wechselseitige Beeinflussung (Spiegelung) zwischen dem Erzieherteam und der Jugendlichengruppe statt. Das Kampf- und Verbündungsprinzip gilt in beiden Gruppen.

Gerade die fatalen Auswirkungen von Konflikten zwischen den Mitarbeitern auf die Klienten in psychosozialen Einrichtungen, ihre Triangulierung in diesen Konflikten, sind ein wesentlicher Grund für die Notwendigkeit von Teamsupervision. Umgekehrt werden natürlich auch Helfer von den Klienten für ihre Interessen eingespannt und trianguliert. Dies zeigt sich häufig bei strittigen Sorgerechtsregelungen, die ein ganzes Helfersystem (Anwälte, Sozialarbeiter, Gutachter, Therapeuten) polarisieren und ein Muster gegenseitiger fachlicher und persönlicher Kränkungen induzieren können.

Das Phänomen, dass Patienten dekompensieren können, die im Mittelpunkt einer polarisierten Auseinandersetzung von zwei Mitarbeitern stehen, wurde erstmals von Stanton & Schwartz (1964) in ihrem Buch „The Mental Hospital“ beschrieben. Ich folge hier der Darstellung von Hoffmann (1982, S. 155f).

In einer Situation von Unorganisiertheit auf einer Station beginnt ein Mitarbeiter einen Patienten vorzuziehen, ihm eine Sonderbehandlung zukommen zu lassen, ein anderer opponiert dagegen. Je mehr der Beschützer den Patienten beschützt, desto mehr wird er von den anderen bestraft. Der Patient war also „... gezwungen, auf widersprüchliche Deutungen seiner Lage durch zwei Vorgesetzte zu reagieren, die Macht über sein Schicksal hatten“ (ebd., S. 152). Die Tatsache, einer im Prinzip unentscheidbaren Situation ausgesetzt zu sein, führt zur Erregung des Patienten und zu Symptomentwicklung. Stanton & Schwartz (1964) stellten nun fest, dass dieser Konflikt um das Thema „Prinzip oder Ausnahme“ sich auf alle Gruppierungen und Hierarchieebenen der Institution (Patienten, Personal, Leitung, Verwaltung) ausweiten konnte.

Konnten die beiden Mitarbeiter ihren Konflikt beilegen, beruhigte sich auch der Patient. Den Mitarbeitern war das Grundthema ihres Konflikts nicht bewusst. Es bietet sich umgekehrt auch die Deutung an, dass dieser im Mittelpunkt stehende Patient von einem Grundkonflikt der gesamten Einrichtung wie ein Blitzarbeiter ablenkt, ein Konflikt sich an ihm kristallisiert. Entscheidend ist, dass der Patient diese Schwarz-Weiß-Bedeutungen, die ihm jeweils gegeben werden, verinnerlicht. Der eine Mitarbeiter hält ihn für „gut“ und leitet daraus

Fürsorge und Freundlichkeit, der andere für „böse“ und leitet daraus Kontrolle und Bestrafung ab. Es lässt sich weiterhin annehmen, dass dem speziellen Indexpatienten solche widersprüchlichen zweiwertigen Zuschreibungen bereits aus seiner Herkunftsfamilie vertraut sind.

Bezogen auf mein Beispiel, eröffnet sich somit eine weitere Perspektive, wenn die Herkunftsfamilie der neu aufgenommenen Jugendlichen in die Betrachtung einbezogen wird. Sie kann sich z B. in einem Loyalitätskonflikt zwischen ihrer Familie und dem Heim befinden. Einerseits hält sie es nicht mehr zu Hause aus, andererseits fühlt sie sich als Älteste verpflichtet, z. B. ihre jüngeren Schwestern und die Mutter vor der Aggression des Vaters zu schützen. Vielleicht haben auch die Eltern ihrer Heimunterbringung nur sehr ambivalent zugestimmt und versuchen, sie mit Versprechungen wieder nach Hause zu locken. Andererseits fasst sie vielleicht nicht so schnell Fuß in der Heimgruppe oder hat das Gefühl, auch dort gäbe es Unterdrücker und Unterdrückte, und sie müsse sich ähnlich einmischen wie in ihrer Herkunftsfamilie.

Wahrnehmung und verinnerlichte familiale Interaktionsmuster eines Klienten führen oft zu einer Re-Inszenierung einer (Konflikt-)Rolle auch in der institutionellen „Familie“.

Klienten können als Spezialisten für das (Über-)Leben in einem sehr spezifischen Interaktionskontext betrachtet werden, diesen bekannten Interaktionskontext stellen sie auch mit neuen Konfliktpartnern wieder her, indem sie diese „verführen“ auf die bekannte Art zu reagieren. Es kommt zu einer sich selbst erfüllenden Prophezeiung. Klüwer, Christ, Elbert und Krebs (1983) beschreiben in ihrem Forschungsprojekt über „Dissozialität, Familie, Institution“ Interaktionsmuster in Familien mit neurotisch dissozial diagnostizierten Jugendlichen und deren Auswirkungen nach der Aufnahme der Jugendlichen ins Heim. Sie unterscheiden dabei zwei Konfliktebenen:

1. Den Loyalitätskonflikt des Jugendlichen zwischen Elternhaus und Institution
2. Analog zu den Beobachtungen von Stanton & Schwartz (1964) die „Familienübertragungskonflikte“ und Gegenübertragungsaufspaltungen.

Klüwer u. a. (1983) führen dazu aus: „Der Indexpatient konstelliert eine spezielle Dreieckssituation und provoziert dabei die Mitarbeiter unbewusst zu einer bestimmten Art des Verhaltens gegenüber seiner Person. Oder aber verdeckte bis offene Mitarbeiterkonflikte initiieren diese Dynamik“ (S. 80 f.). Keiner der Beteiligten kann hier als Ursache für das Problem betrachtet werden, sondern jeder tritt auf Grund eigener Motive, Wahrnehmungen und Absichten (Realitätskonstruktionen) in ein *zirkuläres* Muster ein, das allerdings in den beschriebenen Fällen häufig eskalierte und zur Entlassung des Jugendlichen führte.

In meinem Beispiel könnte der Supervisor auch die höheren Hierarchieebenen in die Betrachtung einbeziehen und würde dabei vielleicht feststellen, dass der Heimleiter und der Pädagogische Leiter die Position der Erzieherkoalition A. C. D. stützen, während die Psychologin B. und E. unterstützt. Eine weitere Dimension eröffnet sich, wenn in die Betrachtung einbezogen wird, dass die Institution auf Grund von Umstrukturierungen in der Jugendhilfe ihrerseits vor Umstrukturierungen steht, z. B. einer Ausweitung des Betreuten Einzelwohnens, der Einrichtung von Wohngemeinschaften oder der Einführung von familienbezogener Arbeit.

Dabei könnte deutlich werden, dass die Erzieherin D. an eine Frühberentung denkt und sich nicht mehr auf Umstrukturierungen einlassen will, oder dass die Psychologin auf Grund ihrer familientherapeutischen Weiterbildung die Elternarbeit mit Hilfe interessierter Erzieher intensivieren will, während der Heimleiter Wohngemeinschaften bevorzugt. Die labile Situation der ganzen Einrichtung könnte als eine Ursache für eine stärkere Anspannung der ganzen Mitarbeiterschaft gesehen werden. Diese unterschwellige Angst führt zu einer Konkurrenz der Lösungsmodelle und der Betonung der „Einhaltung der Regeln“ durch einige Mitarbeiter.

Wieder ein anderer und/oder zusätzlicher Fokus böte sich an, wenn z. B. die Erzieherin E. um Einzelsupervision bitten würde. Dabei könnte sie berichten, dass sie ein kleines Kind hat und sich in einem ständigen Ambivalenzkonflikt zwischen Familie und Karriere befindet. Ihr Mann ist vielleicht halbtags tätig, setzt sie aber unter Druck, ihrerseits halbtags tätig zu sein, damit er seine Berufstätigkeit ausweiten kann. Dem Beobachter (Supervisor) würde hier vielleicht der parallele Loyalitätskonflikt zwischen der Situation der Erzieherin und der der Jugendlichen F. auffallen.

Weiterhin könnte sich herausstellen, dass die Erzieherin eine besondere Beziehung zu der Psychologin hat, die sie bewundert und beim Aufbau einer familienbezogenen Arbeit im Heim unterstützen möchte. Für den Erzieher B. mag sie vielleicht schwesterliche Gefühle haben. Schließlich könnte die Erzieherin bei einem Gespräch über ihre Herkunftsfamilie darauf stoßen, dass sie sich in einer ähnlich verantwortungsvollen Position gegenüber ihren jüngeren Geschwistern befunden hat, wie sie es der Jugendlichen F. unterstellt, und dass sie daher viel Verständnis für deren Ambivalenzkonflikt hat. Ihr jüngerer Bruder hingegen war besonderen Angriffen des Vaters ausgesetzt, und sie wollte ihn stützen. Ähnliche Angriffe nimmt sie von Heimleitung und Erzieher A. auf Erzieher B. wahr, den sie verteidigt.

Die hier beispielhaft aufgezeigten Perspektiven und Betrachtungsebenen stellen nur einen geringen Teil der möglichen dar. Insbesondere fehlen noch die Perspektiven der anderen Personen (Kollegen, Jugendliche) (dazu s. u.). Welche möglich und sinnvoll sind, hängt vom Setting (Einzel- oder Teamsupervision), vom Vertrauensgrad, von der Erfahrung des Supervisors und schließlich von Zielsetzung der Supervision und Kontrakt ab. Immer muss der Supervisor vom Wahrnehmungsfokus der Supervisanden und ihren Bedeutungen ausgehen und dann zu einer Erweiterung der Perspektiven beitragen.

Dabei kann sich dann Bedeutungswandel ergeben. *Er ist aber nicht vorausberechenbar.* Beispielsweise könnte die Erzieherin ihr Engagement für die spezielle Jugendliche zurücknehmen, wenn ihr die Parallelen zwischen ihrer aktuellen und ihrer herkunftsfamiliären Lebenssituation und der der Jugendlichen auffallen. Vielleicht löst sie dann ihren Ambivalenzkonflikt durch Konfliktklärungsgespräche mit ihrem Mann und durch eine stärkere Hinwendung zu ihrer aktuellen Familie, vielleicht aber auch durch verstärktes fachliches Engagement.

Das Team könnte die kategoriale Polarisierung zwischen „Vertretern der Ordnung“ und „Vertretern des Chaos“ aufgeben und zu einer angemessenen „sowohl-als-auch-Position“ bezüglich pädagogischer Prinzipien und Einzelfallbetrachtung kommen. Die Erzieher A. und B. könnten in diesem Zusammenhang ihre festgelegten Bilder voneinander (Images) differenzieren. Die Psychologin könnte Familiengespräche mit der Familie führen. Die Heimleitung könnte gebeten werden, ihre Umstrukturierungspläne zügig bekannt zu geben oder die Mitarbeiter an der Diskussion zu beteiligen, damit wieder mehr Sicherheit für die Zukunft herrscht.

Entscheidend ist, *dass* Lösungen gefunden, das festgefahrene Interaktionsmuster aufgelöst wird, nicht, *welche* Lösungen die Supervisanden dann für sich wählen. Dies bleibt ihrer autonomen Entscheidung überlassen.

Ein systemischer Supervisor wird also je nach Problemlage und Beratungskontext variabel auf unterschiedliche Kontextaspekte des Problems fokussieren und Multiperspektivität erzeugen, so dass sich die Komplexität des Problems erschließt. Er wird weiterhin in einem ständigen rückkoppelnden Dialog mit den Supervisanden bleiben, um sich ihren jeweils geänderten Betrachtungsrichtungen anzuschließen, d. h. er wird sich z. T. von ihnen führen lassen, denn nur sie wissen, was für sie Bedeutung hat. Andererseits wird er Kontexte und Zusammenhänge ansprechen, die bisher außerhalb des Wahrnehmungsfokus der Supervisanden lagen. Z. B. kann für die Erzieherin die Klärung ihres privaten Konflikts mit ihrem Mann durch eine Einigung über die Möglichkeiten zu beruflichem Engagement für jeden auch ihre spürbare Entlastung im Team nach sich ziehen, obwohl sie vorher das Problem ausschließlich als berufliches definiert hat.

In der Supervision mit Krippen- und Kindergartenerzieherinnen habe ich öfter festgestellt, dass diese schwer mit der Situation umgehen konnten, fremde Kinder gut zu betreuen, während ihr eigenes Kind unter Umständen nicht so gut versorgt war. Ließ sich dieses Problem lösen, erhöhten sich auch Freude und Engagement bei der Arbeit. Gerade an diesem Beispiel stellt sich die Frage, wie der Kontext eigentlich handlungswirksam wird, denn offensichtlich wählen Menschen die Kontexte aus, denen sie Bedeutung geben. Der Kontext determiniert sie nicht.

In den neueren konstruktivistischen Systemtheorien wird zwar immer wieder postuliert, dass keine lineare Beziehung zwischen Input- und Output bei einem autopoietischen System besteht, diese Theorien tragen aber wenig dazu bei aufzuklären, was sich denn nun tatsächlich in der „Blackbox" des Individuums abspielt, außer dass es dort sehr autonom zugeht. Ich stimme Fritz Simon (1988) zu, wenn er schreibt: „Wer versteht, was für den einzelnen die Verhaltensweisen der anderen *bedeuten*, kann die Entstehung und Aufrechterhaltung der Interaktionsregeln der Familie erklären.“ (S. 4 / Hervorhebung von mir J. L.).

Was für Familienmitglieder gilt, gilt auch für Beobachter (= Mitglieder) anderer sozialer Systeme. Daher an dieser Stelle noch einige Überlegungen zu einer systemischen Definition der Kategorie „Bedeutung“. Es sei noch einmal hervorgehoben, dass sich Supervision ausschließlich auf der Ebene der inneren Landkarten abspielt, also auf der Ebene der *Abbildung/Konstruktion*_von Realität durch die Supervisanden und Supervisoren. Die unterschiedlichen Perspektiven und Kontexte wirken sich nur insoweit auf das Handeln der Supervisanden aus, als sie von diesen mit Bedeutung versehen werden.

Wie oben ausgeführt sind innere Landkarten Deutungsschemata oder Modelle, die das Handeln orientieren. Sie enthalten präskriptive Regeln (vgl. Simon 1993, S. 33 ff) zur Verknüpfung von bestimmten Sachverhalten und Situationen mit bestimmten Handlungen oder Handlungsprogrammen zur Erreichung bestimmter Ziele. Solche der Zielerreichung dienenden Modelle der Welt bezeichnen Miller, Galanter und Pribram (1973) in ihrem Buch „Strategien des Handelns“, das 1960 in den USA erschien, als *Pläne*.

Ich werde im folgenden von diesem Konzept des Plans als einem wesentlichen Erklärungsmodell menschlichen Handelns ausgehen. Indem ein Mensch Gegenstände, Personen oder Situationen auf dem Hintergrund seiner spezifischen Absichten und Pläne abbildet, verleiht er ihnen Bedeutung. Wenn ich weiß, welche Bedeutung etwas (für mich) hat, weiß ich wie ich handeln soll.

Bedeutung ist also der Aspekt an einem Gegenstand, Sachverhalt usw., der im Rahmen meiner Pläne etwas in mir auslöst, der mein Handeln orientiert, oder umgekehrt, Verleihung von Bedeutung ist der Akt, mit dem ich ein Objekt, eine Person oder Situation in mein handlungsleitendes Bedeutungssystem, mein Sinnkonstrukt, meine Pläne integriere. Vor allem *Ziele* entscheiden so die Bedeutung mit.

Für einen Verdurstenden hat Wasser eine andere Bedeutung als für jemanden, der auf einem Spaziergang im Regen steht.

Bedeutungen definieren den Stellenwert, den ich einem Sachverhalt im Rahmen meiner momentanen Handlungsorientierung, also meines Plans, gebe. Sie sind insofern von diesem abhängig. Informationen mit Kontextbedeutung führen schlagartig neue Bedeutungssysteme ein, indem sie andere Pläne im Rahmen des Zielhorizonts eines Menschen in Gang setzen. Dies bezeichnet Watzlawick (1974) als „Wandel zweiter Ordnung" (S. 99 ff.).

Beispielsweise gehen ein Kollege und eine Kollegin recht kollegial doch distanziert miteinander um. Das kann sich schlagartig ändern, wenn er ihr eine Liebeserklärung macht, und sie diese annimmt. Für den Beobachter erschließen sich Sinn und Bedeutungen von Handlungen erst, wenn er weiß, auf welches Bedeutungssystem, welchen Kontext und welchen Plan sich der Handelnde selbst bezieht. Bedeutungen verweisen immer auch auf die Lerngeschichte des Individuums. In den meisten Fällen sind Wahrnehmung und Bedeutung miteinander verschmolzen. „Ich sehe nicht etwa bestimmte figural qualitative Gegebenheiten, auf die das Wort ‚Hammer' oder ‚Kind' zutrifft, sondern ich sehe tatsächlich einen Hammer oder ein Kind" (Holzkamp 1973, S. 25).

In der Rolle eines Beraters nehme ich keinen Mann mehr wahr, der mir aus seinem Leben berichtet, sondern einen Klienten mit dem ich ein Beratungsgespräch führe. Der Akt der Verleihung von Bedeutung wird erst spürbar, wenn wir unsicher sind, welche Bedeutung wir einem Sachverhalt geben sollen. Handelt es sich um einen beruflichen Sachverhalt, konsultieren wir evtl. einen Supervisor. Zwar gibt es einerseits konsensuell festgelegte Bedeutungen und Funktionen, die einem von Menschen gemachten Werkzeug innewohnen - nach Holzkamp (1973) Gegenstandsbedeutungen - doch entscheidet letztlich jeder selbst, welche Bedeutung er sogar einen Werkzeug geben will; ein Künstler könnte einen Hammer auch als Pendel einer Uhr verwenden. Bedeutungen sind zusammengefasst in Bedeutungs- und Sinnsystemen. Dies sind komplexe handlungsorientierende Modelle für das ganze Leben (Religion) oder für einen Teilbereich, z. B. das berufliche Handeln.

Berufliche Ausbildungen stellen Verknüpfungen von Wahrnehmungen mit Handlungsanweisungen zur Erreichung von Zielen her und konstruieren damit Bedeutungen und Pläne. „Achte auf ..., und handle dann ..., um ... zu erreichen" sind die Basisanweisungen für Diagnostik und Intervention. Berufliche

Handlungstheorien haben eine komplexitätsreduzierende Funktion. Phänomene sind einzuordnen, und man weiß, was man tun muss. Andererseits regelt dieses Bedeutungssystem auch, was man übersehen kann und wie man keinesfalls handeln sollte und begrenzt damit die Handlungsmöglichkeiten. Keine berufliche Handlungstheorie enthält alle Bedingungen unter denen sie anzuwenden oder nicht anzuwenden ist, bzw. alle Regeln ihrer Modifikation.

Die Anwendung beruflicher Handlungsprinzipien hängt von den Kontextbedingungen ab. Berufsanfänger erleben das als Praxisschock. Supervision hilft hier, berufliches Handlungswissen *flexibel* umzusetzen. Kontextaspekte sind also Informationen, die die Handlungsorientierung spezifizieren und verändern. Nehme ich Komplexität wahr, lässt sich an einer einfachen Schuldzu weisung oder einfachen beruflichen Handlungsregel oft nicht mehr festhalten, statt dessen ergeben sich neue Handlungsoptionen (vgl. o. g. Beispiel).

Innerhalb eines Plans, der eine Ziel-Mittel Relation und die Bestimmung/ Wahrnehmung des Ausgangspunkts enthält, kann sich durch (in der Supervision erzeugte) Informationen jeder Aspekt ändern. Entweder das Ziel wird neu bestimmt, es werden neue Wege eingeschlagen oder der Ausgangspunkt wird spezifiziert, oder alle Aspekte ändern sich. Eine der wesentlichsten Fragerichtungen der systemischen Therapie und Supervision ist die Frage nach Folgen und Wirkungen von Verhalten.

*Beispiel:*_„Wenn Sie so wütend sind, was tun sie dann, und wie wirkt sich das auf ihren Klienten aus" oder hypothetisch, „Angenommen Sie würden... tun, wie würde Ihr Klient reagieren". Hier wird durch den Supervisor eine Außenperspektive eingeführt, und der Supervisand kann reflektieren, ob er sein *Ziel* mit seinem Verhalten erreicht, bzw. welches Verhalten ihn eher zu seinem Ziel führen würde.

Indem der Supervisor die Betrachtungsrichtungen, Perspektiven ändert, lernen die Supervisanden, dass ihre gegenwärtige Sichtweise nur eine unter vielen mögliche ist, werden sich ihres eigenen Standorts bewusst und können diesen relativieren. Meine „Wahrheit" ist immer an Standort, z. B. die berufliche Rolle, und Perspektive gebunden. Holzkamp (1973) formuliert in seiner Wahrnehmungstheorie: „Wann davon die Rede war, dass das Ding stets unendlich viel mehr ist, als es in jeder seiner Perspektiven offenbart, so heißt dies auch, dass es in jedem seiner begrenzten Bedeutungsaspekte auf ein *unerschöpfliches* Gesamt aller seiner Bedeutungen und Bedeutungsbezüge verwiesen ist“ (S. 28, Hervorhebung von mir, J. L.).

3.2. Zirkularität und Rekursivität

Die häufig entscheidenden handlungsleitenden Bedeutungen, die anderen Menschen und interaktiven Situationen gegeben werden, sind jedoch nicht in der Berufsausbildung zum Psychologen, Sozialarbeiter o. ä. entstanden, sondern in der primären Sozialisation, in der Familie. Es handelt sich nicht nur um kognitive sondern vor allem um affektive Bedeutungszuweisungen. Eine bestimmte Situation macht mich traurig, ruft mein Mitleid hervor, ein Klient macht mich wütend mit seinem Gejammere, ich möchte ihn rauswerfen usw..

Der Professionelle in mir sagt: „Handle fachlich“, das Kind in mir sagt: „Lauf weg.“ Kindliche und erwachsene Pläne sind sehr unterschiedlich. Affektive Bedeutungen drängen sich ungebeten auf, bestimmen mein Handeln, noch bevor ich es verhindern kann. Der unvermeidliche Rückgriff auf kognitive und affektive Bedeutungssysteme und Handlungsprogramme ist die *Übertragung*. Sie ist in vielen Fällen sinnvoll und wird nur dann zum Problem, wenn Landkarten und Terrain zu wenig übereinstimmen, d. h. das resultierende Handeln Folgen hat, die nicht erwünscht sind.

Fritz Simon (1993, S. 155) weist darauf hin, dass Übertragungen durch die Identifizierung unterschiedlicher Kontexte ausgelöst werden, d. h. eigentlich unterschiedliche Kontexte werden als gleiche betrachtet, frühere Erfahrungen werden auf einen anderen Kontext und auf eine andere Zeit übertragen. Insofern nimmt es nicht Wunder, dass eine psychoanalytische Übertragungsneurose durch das bewusst undefinierbare Verhalten des Analytikers induziert wird. Je mehr Informationen ich über einen Menschen habe, desto unwahrscheinlicher wird die spontane Evozierung eines unpassenden früheren Gefühls- und Handlungsprogramms, z. B. regressives Verhalten gegenüber einer „Vaterfigur“. Das Problem ist jedoch, dass Menschen, die übertragen - und das tun wir alle - nicht so leicht korrigierende neue Erfahrungen machen, weil sich ihre kognitiven und affektiven Prämissen und Vorurteile häufig bestätigen (Rückbezüglichkeit). Eines der wesentlichen Phänomene bei der Deutung von Interaktionen ist die *Interpunktion.*

Watzlawick (1969) gibt das mittlerweile wohl klassische Beispiel von der Frau, die nörgelt und dem Mann, der sich zurückzieht. Jeder sieht sein Verhalten als *Reaktion* auf das Verhalten des anderen und ist sich nicht bewusst, wie er das Verhalten des anderen auslöst. Einem außenstehenden Beobachter fällt natürlich die *Zirkularität* des Geschehens auf. Ist der Interaktionszirkel erst einmal in Gang, lässt sich nicht mehr unterscheiden, wer angefangen hat, oder wer Opfer oder Täter ist. Die Beteiligten hingegen interpunktieren linear kausal. Jeder fühlt sich als Opfer. Durch diese Art der Interpunktion bleibt jedem Beteiligten die Rückbezüglichkeit (Rekursivität) seines Verhaltens verborgen. Der eigene Anteil an einer problematischen interaktiven Situation ist wohl der wichtigste blinde Fleck, der in Beziehungstherapien und Supervision zum Thema wird.

Wie aber kommt Rückbezüglichkeit in interaktiven Kontexten zustande? M. E. haben wir es dabei mit zwei Phänomenen zu tun. Im ersten Fall handelt es sich um eine selektive Wahrnehmung. Der Beobachter deutet oder interpretiert einen Handlungsablauf im Sinne seiner vorgefassten Meinung, bzw. affektiven Übertragung. Diese vorgefasste Meinung beeinflusst natürlich auch sein Verhalten, also ihn selbst. Im weitergehenden Fall beeinflusst dieses Verhalten den Interaktionspartner tatsächlich im Sinne der Vorannahmen des Beobachters. Es kommt zur sich selbst-erfüllenden Prophezeiung. Der Interaktionspartner bestätigt dann durch sein Handeln die Vorurteile des Beobachters, die dieser natürlich als nachträgliche Urteile ansieht.

Ursache und Wirkung haben sich verkehrt. Die Wirkung der sich selbsterfüllenden Prophezeiung ist u. a. von Robert Rosenthal (1976) von der Harvard Universität untersucht und belegt worden (vgl. Watzlawick 1985, S. 97 ff): Vor Beginn eines Schuljahres wurden Schüler einem Intelligenztest unterzogen, der angeblich auch eine Vorhersage ermöglichte, welche 20 Schüler im bevorstehenden Schuljahr überdurchschnittliche Leistungsfortschritte machen würden. Dann wurde den künftigen Lehrerinnen eine wahllos zusammengestellte Liste dieser „besonderen" Schüler gegeben. Bei einem Intelligenztest am Ende des Schuljahres zeigten sich bei diesen Schülern tatsächlich überdurchschnittliche Steigerungen von Intelligenzquotient und Leistung. Auch in ihrem Verhalten unterschieden sie sich nach Bericht der Lehrerinnen vorteilhaft von den anderen. Sie waren u. a. intellektuell interessierter und freundlicher.

Es ist leicht vorstellbar, welche Faktoren die Schüler beeinflusst haben mögen: Aufmerksamkeit und Zuwendung der Lehrerinnen und vor allem positives Zutrauen (Zum Thema „Subtile Beeinflussung“ vgl. Watzlawick 1976, S. 47 ff.).

Vor allem aus der Kindheit stammende Verhaltensprogramme, die mit starken Affekten einhergehen, also Übertragungen, beeinflussen Kommunikationspartner stark. Angst, Unterwürfigkeit, Aggressivität, z. B. gegenüber Autoritätspersonen lösen entsprechende komplementäre oder symmetrische Reaktionen aus. Das Signal „Hab mich lieb“ gegenüber Klienten, z. B. durch starkes Werben um sie, führt leicht dazu, ausgenutzt zu werden. Der Helfer schwankt zwischen Schuldgefühlen und Wut. Rosenthal konnte die Wirkungen positiver Vorannahmen von Versuchsleitern sogar auf Ratten bei Lernexperimenten in Labyrinthkäfigen nachweisen (vgl. Watzlawick 1985, S. 98 ff.). Watzlawick kommentiert: „Dass die Testpsychologie zum Beispiel diese für sie schockierenden Ergebnisse ignoriert und weiterhin mit tierischem Ernst und wissenschaftlicher 'Objektivität' Menschen und Tiere testet, ist nur ein kleines Beispiel dafür, wie wir uns alle dagegen zur Wehr setzen, was unser Weltbild bedroht“ (ebd. S. 100).

Ein besonders eindruckvolles Beispiel für selektive Wahrnehmung und das Festhalten an vorgefassten Diagnosen war das Rosenhan-Experiment (1973). Acht gesunde Personen ließen sich unter der Angabe, sie hörten Stimmen in Psychiatrische Kliniken einweisen. Von diesem Zeitpunkt an verhielten sie sich völlig normal. Keiner von ihnen wurde als Scheinpatient enttarnt. Ihre Hospitalisation dauerte von sieben bis zu zweiundfünfzig Tagen. Alle wurden mit der Diagnose „Schizophrenie in Remission“ entlassen. Nur die Mitpatienten erkannten, dass die Untersucher keine echten Patienten waren.

Die Untersucher wurden glücklicherweise nicht Opfer der sich selbsterfüllenden Prophezeiung in dem Sinne, dass sie tatsächlich erkrankten. Bei vulnerablen Menschen dürfte jedoch die sich selbsterfüllende psychiatrische Prophezeiung bei der *Chronifizierung* einer Störung eine erhebliche Rolle spielen. Ein prozesshaftes Geschehen in einem bestimmten Lebensabschnitt wird verdinglicht. Der Patient lernt, die Diagnose und die Psychiatrie in seine Realitätskonstruktionen und Lebenspläne einzubauen.

Watzlawick (1985) bemerkt dazu: „... dass ein wesentlicher Teil der selbsterfüllenden Wirkung psychiatrischer Diagnosen auf unserer felsenfesten Überzeugung beruht, dass alles, was einen Namen hat, deswegen auch existieren muss“ (S. 101). U. a. aus diesen Erfahrungen und der Theorie Maturanas (1987) leitet sich das Konzept des Problemsystems (Ludewig 1992) ab. Dieses Konzept geht auf Goolishians (1988) Konzept des „problemdeterminierten Systems“ zurück. Damit ist gemeint, dass sich um eine bestimmte „alarmierende“ Situation herum ein sprachlich determiniertes soziales System bildet, das mit seinen Konstruktionen der alarmierenden Situation, z. B. dem Symptom, erst Dauer verschafft. Diese um das Problem herum gebildeten sozialen Systeme können vor allem auch diverse Helfer als Mitglieder haben.

Probleme dauern vor allem im Rahmen abwertender Kommunikation an. Dazu zählt auch der explizite oder implizite Appell „Ändere Dich“, der mit entsprechender fortdauernder Gegenwehr beantwortet wird. Systemische Therapie oder Supervision konzentriert sich auf die Auflösung des Kommunikationsmusters durch (Ver-)Stören der Realitätskonstruktionen der Beteiligten.

Ich möchte an dieser Stelle ein Modell des Interaktionsprozesses vorstellen, an dem ich mich vor allem bei der Beziehungsklärung orientiere. Ich benutze dabei eine besondere Form zirkulärer Fragen, die die gegenseitigen Bilder voneinander thematisiert. Der Interaktionsprozess lässt sich als gegenseitige Beobachtung zweier Beobachter konzipieren. Jeder entwickelt im Laufe der Interaktion Bilder und „Theorien“ über den anderen, die in der Regel dem Prinzip folgen, die Ursachen für dessen Verhalten in ihn hineinzuverlagern, z. B. als Vererbung, Anlage, Charakter, Psychopathologie usw..

Je länger die Interaktion andauert, z. B. in Hilfeprozessen, Ehen oder Teams, desto stabiler werden durch die Wirkung selektiver Wahrnehmung und sich selbsterfüllender Prophezeiung dieser Bilder voneinander. Die Supervision fokussiert auf diese Bilder und führt zirkuläre Erklärungen ein. Das Prinzip ist in Einzel- oder Teamsupervision anwendbar. Hier einige Beispielfragen: „Was vermuten Sie, welches Bild der Klient von Ihnen hat, wenn er so auf Sie reagiert?“ - „In welcher Rolle nimmt er Sie wahr?“ - „Haben Sie ihm durch Ihr Verhalten eventuell Anlass gegeben, so über Sie zu denken?“ - „Angenommen Sie wären an seiner Stelle, welches Bild würden Sie von sich selbst als Sozialarbeiter gewinnen?“ - „Was, glaubt er, sind Ihre Ziele mit ihm und was sind vermutlich seine eigenen?“ - „Angenommen, er wollte seine Autonomie gegen Sie verteidigen, zu welchen Mitteln glaubt er, muss er bei Ihnen greifen?“

Mit diesen Fragen wird der Supervisand konsequent in eine *Außenperspektive* zu sich selbst versetzt. Er muss die Situation aus der Sicht seines Interaktionspartners betrachten. Häufig sind Antworten des Supervisanden nach dem Prinzip „Ja, aber das kann der Klient doch nicht denken, ich habe doch die besten Absichten“, d. h. der Supervisand fokussiert wieder auf seine Innenperspektive, vor allem seine Motive. Dann wird der Supervisor noch eine Weile bei der Frage verweilen, inwieweit Motive und Selbstbild sich tatsächlich in der Wahrnehmung durch das Gegenüber spiegeln.

Letztlich gilt der entscheidende Grundsatz: Kein Mensch wird so behandelt, wie er sich fühlt oder nach dem, was er beabsichtigt, sondern jeder wird so behandelt, wie er wirkt. Über diese Wirkung entscheidet aber *letztendlich* immer der Empfänger der Botschaft, indem er ihr Bedeutung im Rahmen seiner Handlungspläne gibt.

Diese Fokussierung auf die Außenperspektive (ver-)stört natürlich auch Übertragungsprozesse, markiert andere, d. h. berufliche Kontexte und führt zu anderen Plänen, z. B. sollte der Supervisand wahrnehmen, dass er von seinem Klienten vor allem in seiner *beruflichen Rolle* und damit als mächtig wahrgenommen wird, während er selbst vielleicht sich als kleiner Junge gegenüber dem aussaugenden Aggressor fühlt.

Bei den wechselseitigen Bildern spielt jedoch nicht nur eine Rolle, welches Bild A. von B. oder B. von A. hat, sondern auch, was A. glaubt, welches Bild B. von A. hat. (vgl. Watzlawick 1976, S. 108 ff.). Also: „Was vermuten Sie? Glaubt Ihr Klient, dass Sie ihm etwas zutrauen oder glaubt er, dass Sie ihn bereits abgeschrieben haben?“ - „Angenommen, er wäre überzeugt, dass Sie an ihn glauben, wie würde sich das auf ihn auswirken?“

Die Einsicht in die Rückbezüglichkeit der Kommunikation führte auch zur Entwicklung hypothetischer Fragen, mit deren Hilfe der Klient oder Supervisand darüber reflektieren kann, wie sich andere Prämissen oder Konstrukte auf sein Handeln und dadurch wieder auf seine Interaktionspartner oder Klienten auswirken würden: In diesen hypothetischen Fragen kann jeder Aspekt eines Plans (Ausgangspunkt, Mittel, Ziel) hypothetisch verändert werden.

„Angenommen, Sie würden nicht davon ausgehen, dass Ihr Klient Sie boshaft austrickst, sondern davon, dass er Angst vor Ihnen hat, was würde sich in Ihrer Einstellung und in Ihrem Handeln ihm gegenüber ändern?“ oder „Angenommen, Sie würden es weniger mit Druck sondern mit Werbung oder Verführung versuchen, wie könnte das konkret aussehen und wie würde sich das auswirken?“ oder „Angenommen, Sie würden akzeptieren, dass der Klient letztlich für sein Leben selbst verantwortlich ist und Sie ‘lediglich’ für die fachlich gute Beratung, was würde das an Ihrer Beziehung ändern?“

Natürlich hat hier der Supervisor zunächst Hypothesen über die problematischen Prämissen des Supervisanden gebildet, und natürlich bleibt es auch nicht bei einer Frage, sondern der ganze Einstellungskomplex wird von verschiedenen Seiten beleuchtet und reflektiert. Die entscheidendste Konsequenz aus der Einsicht in die Wirkung der sich selbsterfüllenden Prophezeiung war jedoch die Entwicklung der *Ressourcenorientierung.*

Wenn negative Zuschreibungen negative Selbstbilder und daraus resultierende negative Handlungen bewirken, dann können positive Fokussierungen motivierend und aufbauend wirken, wenn der Helfer eine wichtige Bezugsperson für den Klienten bzw. der Supervisor wichtig für den Supervisanden ist. Daraus ergeben sich Fragen wie: „Wenn Sie dem Klienten nicht als Sozialarbeiter begegneten, was würde Ihnen als seine größte Stärke auffallen?“ oder „Wie würde ein guter Freund, der Sie mag, Ihre positiven Eigenschaften beschreiben?“ oder „Welche Eigenschaften haben Ihnen bisher am meisten geholfen, Lebenskrisen zu meistern?“ und schließlich „Was, glauben Sie, schätzen Ihre Klienten an Ihnen?“

3.3. Probleme des Wandels

Bestand und Wandel sind grundlegende Lebensphänomene. Wie ich bereits in Kapitel 2.2. dargestellt habe, muss jedes System beide Aspekte als Prozesse organisieren. Bestand und Wandel gehören untrennbar zusammen, denn ein Individuum oder ein soziales System kann in einer sich ständig wandelnden Umwelt seinen Bestand nur wahren, wenn es seine zentralen Ziele, Werte und Normen, d. h. sein Bedeutungssystem, immer wieder einer Revision unterwirft.

Für ein Individuum stellt aber nicht nur die Veränderung der Außenkontexte sondern auch sein biologisches Altern eine Kontextveränderung dar, die mit einem Wandel des Bedeutungssystems einhergehen muss. Auch berufliche soziale Systeme müssen mit dem biologischen Altern ihrer Mitglieder umgehen, denn Altern verändert die Lebenspläne und hat Auswirkungen auch auf berufliche Teilpläne.

In der Supervision ist es oft wichtig, den Standort des Supervisanden bezüglich beruflicher Karriere und Lebensplan zu bestimmen: Stellen sich Fragen des Berufseinstiegs, will der Supervisand nach einer längeren Phase beruflicher Routine einen neuen Anfang machen, oder bereitet er sich auf den Berufsausstieg vor. Solche Einschnitte stellen Neukalibrierungsschwellen (Watzlawick 1969) dar, die einen Wandel zweiter Ordnung erforderlich machen.

Für den Supervisor ist es nützlich, sich die Watzlawicksche (1974) Unterscheidung des Wandels erster und des Wandels zweiter Ordnung zu eigen zu machen. Der Wandel erster Ordnung ist der „... Wechsel von einem internen Zustand zu einem anderen innerhalb eines selbst invariant bleibenden Systems“ (Watzlawick 1974, S. 29 ff). Der Wandel zweiter Ordnung ist die Veränderung des ganzen (Bedeutungs-) Systems, des Lebensplans usw..

Wandel erster Ordnung ist z. B. die Wahl einer anderen Beratungsmethode, um bestimmte Ziele zu erreichen, ein Wandel zweiter Ordnung wäre eine völlige Neubestimmung eines sozialpädagogischen oder therapeutischen Ziels. Ein Wandel zweiter Ordnung geht oft mit erheblichen Verunsicherungen und emotionalen Erschütterungen (Ängsten, Aggressionen usw.) einher, auch Symptome können auftreten.

Miller & Galanter & Pribram (1973) beschreiben, dass Menschen „emotional" werden, wenn sie ihre Pläne aufgeben oder revidieren müssen. Sie unterscheiden taktische und strategische Änderungen (S. 112 ff.). Die starken emotionalen Reaktionen beim Aufgeben von Plänen führen sie darauf zurück, dass die Pläne Teil des Selbstbilds sind. Bei den strategischen Änderungen handelt es sich m. E. um die von Watzlawick et al. (1974) beschriebenen Lösungen zweiter Ordnung.

In der Familientherapie gibt es das Modell des Lebenszyklus, das bestimmte Phasen beschreibt, die einen Wandel zweiter Ordnung erfordern, z. B. die Geburt eines Kindes oder die Ablösung der Kinder vom Elternhaus. Symptomentwicklungen stehen immer im Zusammenhang mit solchen nicht bewältigten Veränderungen. Neben den lebenszyklischen Einschnitten können aber auch andere Ereignisse (z. B. Krankheit, Scheidung, Wiederheirat) eine grundlegende Neuorientierung notwendig machen.

Analog ließen sich auch für die Supervision Veränderungsschwellen des beruflichen Kontextes definieren, an denen Supervisanden, Teams oder ganze Institutionen Wandlungsprozesse nicht bewältigen und gleichsam „stecken bleiben". Dies sind oft Veränderungen der finanziellen Rahmenbedingungen, aber auch Veränderungen der fachlichen Vorgaben und gesetzlichen Bestimmungen, wie z. B. die Umsetzung des neuer Gesetze und Richtlinien oder die Privatisierung sozialer Dienste. Supervision hat in dieser Hinsicht die Aufgabe der Begleitung und Ermöglichung von Wandel.

Welche Verhaltensweisen eines Systems aber führen zu einem Steckenbleiben. Wie Watzlawick et al. (1974) in ihrem Buch „Lösungen" darlegen, ist sehr häufig nicht das Problem selbst das Problem, sondern die untaugliche Lösungsstrategie, die sogar noch quantitativ gesteigert wird in der Form der „Mehr-desselben-Lösung". Bei dieser Art Lösung handelt es sich um die Anwendung und Steigerung der Operation „negative (= abweichungsvermindernde) Rückkopplung". Zugrunde liegt ein Denken in Gegensatzpaaren, das Schwarz-Weiß-Denken (vgl. Watzlawick 1986). Wenn z. B. Alkoholismus ein soziales Problem ist, bietet sich schnell die Lösung an, den Zugang zum Alkohol zu erschweren. Die Prohibition führte aber z. B. in den USA zu einer derartigen Zerrüttung der Gesellschaft durch die Ausbreitung des Verbrechens, dass sie wieder abgeschafft werden musste.

Watzlawick et al.(1979) definieren, dass erst durch die falschen Lösungsstrategien *Schwierigkeiten* zu Problemen werden (S. 58). Die problemerzeugenden Lösungsversuche unterteilen sie in drei Kategorien (S. 59):

1. Die Verleugnung einer Schwierigkeit und den Verzicht auf jede Problemlösung.

   Schon manches Heim musste geschlossen werden, weil Heimleitung und Mitarbeiter die Veränderung der Anforderungen bzgl. fachlicher Standards bei den belegenden Jugendämtern, z. B. auch durch neue Kollegen mit neuen theoretischen Vorstellungen, nicht zur Kenntnis nahmen und nicht entsprechend mit Differenzierungsmaßnahmen, z. B. Wohngemeinschaften oder Nachbetreuung, reagierten.

2. Das Utopie Syndrom, d. h. den Versuch, eine Schwierigkeit zu lösen, die nicht lösbar ist.

   Dazu zählt u. a. der extrem hohe Selbstanspruch mancher Berufsanfänger, die nicht so leicht akzeptieren wollen, dass eine gekonnte professionelle Gesprächsführung nur durch Jahre der Praxis zu erlernen ist.

3. Der Versuch der Lösung eines Problems auf der falschen Abstraktionsstufe und mit der falschen Reichweite, d. h. es wird eine Lösung erster Ordnung versucht, wo eine zweiter Ordnung angebracht wäre und

   Ein Jugendlicher in einem Heim wird beispielsweise in eine umfassende Psychotherapie geschickt, wenn er morgens nicht aus dem Bett kommt, oder umgekehrt, es wird mit heiminternen Sanktionen gedroht, während die Jugendliche längst an einen Zuhälter geraten ist.

Lösungen zweiter Ordnung werden oft durch Umdeutungen einer Situation erreicht, denn diese bewirken eine Neumarkierung des Kontextes, die neue Handlungspläne in Gang setzt. Wenn z. B. eine Erzieherin einem provozierenden Jugendlichen immer mehr Aufmerksamkeit schenkt und sich immer verantwortlicher und ohnmächtiger fühlt, könnte eventuell die scherzhafte Frage, ob sie bereits einen Adoptionsantrag gestellt hat, eine Reflexion über pädagogische Nähe und Distanz einleiten.

Der englische Begriff für Umdeutung, nämlich „Reframing“ verdeutlicht den Aspekt der Schaffung eines neuen Kontextes noch besser. Witze, Metaphern, Märchen sind mögliche Interventionen, die neue Kategorien einführen und einen Verfremdungseffekt erzielen. Auch Bertolt Brecht baute auf Verfremdung als wesentliches didaktisches Prinzip. Der Betrachter kann in Distanz zu seinen gewohnten Kategorien und Realitätskonstruktionen gehen.

Lösungsstrategien sind immer Interventionen in komplexe Systeme, deren Dynamik zunächst analysiert oder durch Probeinterventionen getestet werden muss, sonst kommt es zur „Verschlimmbesserung“. In Frederic Vesters (1983) Spiel Ökolopoly können z. B. - ausgehend von einem bestimmten Zustand der Gesellschaft in Hinsicht auf Umweltverschmutzung, Arbeitslosigkeit, Lebensqualität usw. - die Mitspieler politische Interventionen vornehmen und in Umweltschutz, Produktion oder Aufklärung investieren. Dabei machen sie dann die Erfahrung, dass hohe Investitionen in einem Bereich unvermutete Auswirkungen in ganz anderen Bereichen haben, die ein erneutes Gegensteuern nötig machen.

Ziel des Spiels und Ziel systemischer Supervision ist die Erhöhung der *Fähigkeit zum vernetzten Denken*, zur Erfassung von Komplexität und Wechselwirkungen, die natürlich ein Aufgeben einfacher Schwarz-Weiß-Kategorien und des Prinzips „Viel hilft viel“ voraussetzt. Dass dieses Prinzip und die geradezu groteske „Mehr-desselben-Lösungen“ im psychosozialen Arbeitsbereich häufig anzutreffen sind, zeigt u. a. die Tatsache, dass sich oft zehn Dienststellen und Helfer um eine Familie kümmern, was nur dazu führt, dass diese keinerlei Selbsthilfepotential mehr zeigt und die Helfer immer angestrengter und ratloser werden. Supervision hat dann, z. B. in Hilfekonferenzen, zu einer Revision der eingeschlagenen Lösungswege beizutragen.

3.4. Logische Ebenen der Supervision und Haltungen des Supervisors

Supervisoren haben es nie mit dem Terrain zu tun sondern immer mit Landkarten.

Berichtet der Supervisand über einen Klienten oder Kollegen, ist es von entscheidender Bedeutung, nicht der Magie seiner Worte zu erliegen und den Klienten ebenfalls zu verdinglichen sondern davon auszugehen, auch der Klient hat seine Landkarte entwickelt und handelt danach. Der Supervisand macht sich im besten Fall eine Landkarte von der Landkarte des Klienten, eine Metalandkarte.

Der Supervisor wiederum entwickelt eine Landkarte davon, wie der Supervisand eine Landkarte von der Landkarte des Klienten zeichnet, der sich in seinem Terrain, sprich Leben, orientieren muss, wobei er sich auch Landkarten von den Landkarten seiner Interaktionspartner macht. Es wird deutlich, der Supervisor sollte einiges von der Landkartenkonstruktion verstehen.

Systemisch - konstruktivistische Ansätze sind auch Metamodelle über Modellbildungen. Systemische Ansätze haben einen hohen Abstraktions- und damit Verallgemeinerungsgrad und sind auf verschiedenen Ebenen der Modellbildung anwendbar. Praktisch bedeutet das, dass der Supervisor beobachtet und in die Reflexion einbringt, mit welchen Modellen, Kategorien und daraus resultierenden Handlungsstrategien der Supervisand seinen Klienten beschreibt und behandelt. Gleichzeitig bilden Supervisand und Supervisor Hypothesen, wie der Klient wahrscheinlich die Handlungen des Supervisanden empfindet und welche Schlussfolgerungen er daraus zieht. Dies ist die Ebene des *Supervisanden-Systems*.

Gleichzeitig reflektiert der Supervisor für sich, ob seine Modelle und Kategorien für den Supervisanden annehmbar sind, d. h. an dessen Modelle ankoppeln und ihm weiterhelfen. Kommt es zur Stagnation des supervisorischen Dialogs, beginnt er eine Metakommunikation mit dem Supervisanden über ihren gemeinsamen Dialog. Dies ist die Ebene des *supervisorischen Systems.*

Hat der Supervisor noch einen Lehrsupervisor, weil er sich z. B. in Weiterbildung befindet, muss dieser reflektieren, mit welchen Reflexionsstrategien und Fokussierungen der Supervisor versucht, seinem Supervisanden zu helfen, in eine hilfreiche Interaktion mit dem Klienten zu kommen.

Statt einer abschließenden Zusammenfassung seien einige hilfreiche Haltungen und Strategien eines Supervisors gegenüber seinen Supervisanden oder eines Supervisanden, d.h. professionellen Helfers, gegenüber seinen Klienten genannt:

1. Eine eher ethnologische statt einer missionarischen Haltung.

   Der Helfer/Supervisor nähert sich respektvoll und neugierig Realitätskonstruktionen seiner Klienten/Kunden, versucht zu verstehen, welche Prämissen und Logiken ihren Handlungen zu Grunde liegen und reflektiert mit ihnen darüber.

2. Der Verzicht auf die allwissende Expertenrolle;

   stattdessen eine Haltung von Partnerschaft beim gemeinsamen Entdecken von Problemkonstruktionen und Lösungen. Das setzt Vertrauen in die Eigendynamik (Autopoiese) des Systems voraus und führt zur Unterstützung von dessen Suchbewegungen, statt zum Versuch, das System zu instruieren, ihm die eigene „richtige“ Lösung aufzuzwingen.

3. Die Anregung zukunfts- und lösungsorientierter Perspektiven statt der Verfestigung von Problemkonstruktionen, vor allem durch das Anbieten alternativer Deutungen und die Veränderung des Beobachtungsfokus durch Einführung anderer Kontextweiten und anderer Unterschiede (Kategorien und Abstraktionsebenen).

   Das bedeutet auch die Abkehr von zweiwertigen Logiken hin zum Denken in Kontinua zwischen zwei Polen, d. h. mit „sowohl als auch“, mit Ambivalenz ist zu rechnen.

4. Die Anerkenntnis von Komplexität und Wechselwirkung.

   Die kann zur Bescheidenheit bzgl. der eigenen Steuerungsmöglichkeiten und bestenfalls zu Vertrauen führen.

4. Familienbeziehungsarbeit in der Heimerziehung

In dem vorliegenden Aufsatz soll Heimerziehung unter dem Aspekt betrachtet werden, dass bei Aufnahme eines Kindes oder Jugendlichen ins Heim nicht eine isolierte Einzelperson aufgenommen wird, sondern dass diese eine Beziehungsgeschichte mitbringt, und in den meisten Fällen diese Beziehungen - wie auch immer geartet sie sein mögen - noch andauern.

Familienbeziehungsarbeit meint also nicht traditionelle Elternbildungsarbeit, die den Schwerpunkt der Informationsvermittlung setzt, und bei der davon ausgegangen wird, dass kompetente Fachleute weniger kompetente Eltern fortbilden. Im Vordergrund dieses Aufsatzes steht die Analyse der Situation, weniger die Empfehlung von Methoden (etwa gemeinsamer Familienurlaub) oder Organisationsformen (etwa teilstationäre Unterbringung).

Die Forderung nach Familienarbeit in der Heimerziehung wird seit der Zeit der Reformdiskussion, also seit Ende der 60er Jahre, immer wieder erhoben.

Bäuerle und *Markmann* analysieren in dem Band »Reform der Heimerziehung« (1974) die Reformempfehlungen verschiedener Träger der Heimerziehung und kommen unter dem Stichwort »Elternarbeit« zu folgendem Ergebnis:

Der Einstimmigkeit in der Forderung, die Elternbildungsarbeit sei Aufgabe der Heimerziehung, steht ein klaffender Mangel an Aussagen gegenüber, wie denn das zu geschehen habe. Offenbar verfügen die Autoren der vorliegenden Texte über kein darstellbares Konzept. Die FICE spricht es nüchtern aus: Es gibt noch »kein Rezept und keine allgemein gültige Theorie für eine optimale Zusammenarbeit zwischen dem Heim und der Familie«. (S. 17)

Entschiedener formuliert die Forderung nach Elternarbeit 1977 noch einmal der "Zwischenbericht Kommission Heimerziehung":

Die gegenwärtigen Vorstellungen von Elternarbeit haben einen völlig neuen Inhalt durch die Einsichten in die Bedeutung der Familienbeziehungen für den Aufbau der Persönlichkeit erhalten. Das Interaktionsgefüge der Familie ist demnach entscheidend für die Übernahme von Verhaltensmustern, die dann als »Charakter« oder »Reaktionsbereitschaften« die Persönlichkeit bestimmen. Verhaltensstörungen sind konsequenterweise nur im Kontext mit Familie zu verändern. Eine isolierte Behandlung ist also nur indiziert, wenn die Familie nicht »verfügbar« ist, sei es, dass sie nicht erreichbar, sei es, dass sie zur Mitarbeit nicht zu gewinnen ist. Der Stellenwert der Elternarbeit hat sich verändert. Sie wird als konstituierender Bestandteil von Therapie oder Erziehung gesehen. Eine bleibende Veränderung ist nur möglich, wenn sich das gesamte Interaktionsgefüge der Familie ändert.

Der Kommissionsbericht plädiert zwar auch für eine ambulante und milieunahe Heimerziehung, liefert aber kein Konzept für eine Integration der Elternarbeit in die bestehende Heimerziehung. Meines Erachtens hängt dieser Konzeptionsmangel auch damit zusammen, dass Familienbeziehungsarbeit eine andere Sichtweise der Probleme voraussetzt, als sie bisher üblich gewesen ist. Diese neue Sichtweise oder Perspektive ist die ökologische oder systemische Sichtweise.

Diese systemische Sichtweise, die in den 50er Jahren in den USA von *Bateson* und Mitarbeitern im Zusammenhang mit Forschungen über Schizophrenie entwickelt wurde, wird in immer stärkerem Ausmaß im ambulanten Beratungs- und Therapiebereich wirksam und hat die Vorstellungen über Problemursache und Behandlungsmethode verändert. Die Familienbeziehungsarbeit in der Heimerziehung wird solange nicht den ihr zukommenden Stellenwert haben, solange noch die individuumzentrierte Sichtweise der Problematik vorherrscht.

Die systemische Sichtweise und ihre Anwendung auf das Beziehungsfeld Heimerziehung

Als Beispiel soll die Symptomsicht der individuumszentrierten und der systemischen Sichtweise verglichen werden.

Ein Kind stiehlt. Aus traditioneller Sicht ist dies etwa als Verwahrlosungssymptom zu deuten, man nimmt also an, über eine Reihe von Jahren, besonders auch in seiner frühen Kindheit, musste das Kind Zuwendung und Umsorgung entbehren. Es hat dabei Defekte seiner Bedürfnisbefriedigung, seines Gewissens usw. erworben. Die Therapie besteht nun vielleicht in der Herausnahme aus der Familie, wenn dort das verwahrlosende Milieu andauert, der Heimunterbringung - möglichst weit weg vom verursachenden Milieu - und dem Versuch, durch Beziehungsaufbau und pädagogische Angebote, auch durch Ermahnung und eventuelle Strafe, diese Defekte auszugleichen. Die Eltern werden als Verursacher gesehen, und man versucht, sie möglichst draußen zu halten, weil sie einen schlechten Einfluss haben, was sich nach der Rückkehr des Kindes von Familienbesuchen zeigen kann. Es ist dann renitent, und die Erzieher müssen mühsam wieder ausgleichen, was die Eltern an einem Wochenende »angerichtet« haben.

Dieser traditionellen Sichtweise liegt das Ursache-Wirkungs-Denken zugrunde. Die Eltern sind die Ursache für einen verfestigten Defekt am Kind, dieser wird nun »ursächlich« behandelt durch Abbruch der negativen Elternbeziehung und Aufbau neuer positiver Beziehungen im Heim.

Wie sieht dies unter systemischer Perspektive aus? Die erste Grundannahme ist die, dass man nicht einen Teil, hier also das Kind mit dem Symptom, aus seinem Beziehungszusammenhang herausgelöst betrachten darf. Kind und Familie und später Heim und Jugendamt, die hinzu kommen, sind nicht zufällig aufeinander getroffene Einzelteile, sondern stehen in einem besonderen Zusammenhang, in Beziehungen.

Das Ganze ist mehr als die Summe seiner Einzelteile.

Eine zweite Grundannahme ist die positive Symptomsicht, das Stehlen des Kindes also nicht als Defekt anzusehen, sondern es erfüllt im Zusammenhang der Familie eine bestimmte Funktion. Welche Funktion das ist, hängt von der Reaktion der anderen Familienmitglieder ab. In vielen Fällen dient das Symptom der Beruhigung eines anderweitigen Familienkonfliktes. Es erfüllt dann eine stabilisierende Funktion.

In anderen Fällen nimmt die Familie das Symptom als Signal, sich um eine grundsätzliche Klärung ihrer Familienbeziehungen zu bemühen, indem sie eine Beratungsstelle aufsucht. In diesem Fall hat das Symptom eine Triebkraftfunktion. Das Symptom ist Ausfluss einer bestimmten Rolle, die das Kind in der Familie innehat. Dies kann die Sündenbockrolle sein. Diese Rolle des Kindes hat eine stabilisierende Wirkung dadurch, dass die Eltern eigene Partnerkonflikte unter Kontrolle halten, indem das Kind durch sein Anliefern von Sorgen alle Aufmerksamkeit auf sich lenkt.

Wie kommt das Kind zu der familiären Rolle? Einerseits weisen die Eltern dem Kind eine bestimmte Rolle in der Familie bewusst zu, die Rolle eines guten Schülers etwa. Andererseits aber erfolgt die Rollenzuweisung nach der emotionalen Befindlichkeit der Eltern unbewusst, etwa die Rolle eines Ersatzpartners, wenn ein Elternteil alleinstehend ist, oder die Eltern in größerer emotionaler Distanz leben. Die Rollenzuweisung an das Kind hängt wieder mit der eigenen Herkunftsfamilie der Eltern zusammen, oft mit unbetrauerten Verlusten von wichtigen Beziehungspersonen.

Der Prozess der Rollenvermittler an das Kind ist nicht einseitig, sondern nach einiger Zeit nimmt es selbst aktiv diese Rolle ein und gibt sie nicht mehr auf. Die Bereitschaft, eine wichtige familiäre Rolle einzunehmen, nennt der amerikanische Familientherapeut *Boszormenyi-Nagy* Loyalitätsbereitschaft. Diese Loyalitätsbereitschaft kann soweit gehen, dass das Kind auch eine selbstdestruktive Rolle, etwa die Sündenbockrolle annimmt, wenn es spürt, dass es auf diese Weise den elterlichen Erwartungen entgegenkommen und zur Stabilität der Familie beitragen kann.

Die kindliche Loyalität wird für die Eltern dann zum Problem, wenn an einem bestimmten Punkt der familiären Entwicklung die kindliche Rolle überflüssiger, vielleicht sogar störend geworden ist. Denken wir an eine alleinstehende Frau, die ihr Kind als Ersatzpartner gebraucht hat, die sich nun aber wieder einem gleichaltrigen Partner zuwenden will. Hier kann das Kind beginnen, auch mit Symptomen, seine Rolle zu verteidigen. Hier dient das Symptom dem Stillstand. Es ist aber auch denkbar, dass das Kind das Symptom entwickelt, um sich von der Rolle zu befreien. In diesem Fall dient es eher der Veränderung des Systems, etwa, wenn der älter werdende »Ersatzpartner« beginnt, seine Mutter zu schlagen.

Eine dritte Grundannahme der systemischen Sichtweise ist die, dass auch der einzelne Ursache-Wirkungszusammenhang nicht isoliert gesehen werden darf Beispiel: »Eltern behandeln das Kind schlecht - deshalb stiehlt das Kind«, sondern dieser Wirkungszusammenhang ist Teil einer viel längeren Kette - Beispiel: »Die Eltern sind gereizt über gegenseitig nicht befriedigte Bedürfnisse - es entsteht ein Streit - das Kind fürchtet, dass Vater und Mutter sich trennen - es stellt etwas an - die Eltern haben wieder eine Gemeinsamkeit - sie sind sich einig, dass sie keine Probleme hätten, wenn nur das Kind nicht wäre - aber sie sind auch gereizt - ein Streit entsteht usw.«

Eine solche Abfolge über mehrere Schritte mag sich über Jahre immer wiederholen. Der gesamte kreisförmige Ablauf ist den Beteiligten selbst verborgen, da sie immer nur einen bestimmten Ausschnitt sehen (interpunktieren). Für einen Außenstehenden gibt sich dieser Zusammenhang aber als Regelmäßigkeit zu erkennen. Die Regel kann lauten: Konflikte der Eltern werden über das Kind als Sündenbock abgeleitet, die Familie wird so stabilisiert.

Wie kommt es zur Heimeinweisung?

Ich komme nun zum nächsten Abschnitt, nämlich der Frage, wieso kommt es eigentlich zur Heimeinweisung und was geschieht hierbei aus systemischer Sicht. Hier gibt es zwei Möglichkeiten:

1. Das Kind hat das Symptom immer mehr gesteigert, weil sich auch der familiäre Streit um Stillstand und Veränderung aufgeschaukelt hat und die Eltern oder das Kind/der Jugendliche oder beide suchen eine Trennung von der Familie, um der akuten Belastung zu entgehen. Auch wenn das Kind räumlich getrennt im Heim ist, kann es zum Teil seine Sündenbockrolle noch erfüllen.

2. Die Familie selbst wünscht keine Veränderung, aber eine Umweltinstanz tritt auf den Plan. Dies können sein die Schule, die Nachbarn und letztendlich immer das Jugendamt. Aus systemischer Sicht ist folgendes entscheidend: Das Kind oder der Jugendliche wechselt sein Bezugssystem nicht einfach durch die Tatsache, dass er nun räumlich woanders untergebracht ist. Vielmehr handelt es sich darum, dass das familiäre Bezugssystem um die Komponenten Heim und Jugendamt erweitert wird.

Beispiel: Das stehlende Kind. Die Diebstähle wurden immer häufiger, es erfolgten Anzeigen in Kaufhäusern, vielleicht kam Schuleschwänzen hinzu. Das Jugendamt wird durch den Lehrer eingeschaltet. Die Eltern sind nicht willig, eine Beratungsstelle aufzusuchen. Auch die materielle Situation, die äußeren Gegebenheiten erscheinen schwierig, das Kind ist gefährdet. Eine Heimunterbringung wird empfohlen.

Dies ist nun eine Situation, in der die familiäre Krise auf dem Höhepunkt ist. Das Sündenbockverhalten des Kindes, das bisher die Familie stabilisiert hat, hat Ausmaße angenommen, die die Familie nun eher destabilisieren. In dieser Krisensituation ist die Familie hochgradig ambivalent. Einerseits verspricht die Heimunterbringung eine Entlastung der Beteiligten, andererseits kann der aus der Familie entfernte Sündenbock aber nicht mehr voll als Blitzableiter wirksam sein, die Familie hat noch kein neues Gleichgewicht ohne dieses Kind gefunden. Diese Ambivalenz und die Suche der Familie nach einem neuen Gleichgewicht werden nun in der Folgezeit notgedrungen zum Arbeitsschwerpunkt des Heimes, auch wenn sich die Erzieher dessen nicht bewusst sind. Es kann sein, dass die Familie sich nach der Herausnahme des Kindes stabilisiert, indem nur durch die Entlastung eine positive Entwicklung einsetzt und die Eltern lernen, auf einen Sündenbock zur Bewältigung ihrer Probleme zu verzichten, das wäre optimal.

Es kann sein, dass mehrere Kinder vorhanden sind und nun ein anderes allmählich in die Sündenbockrolle nachrückt. Es kann aber auch sein, dass trotz intensiver pädagogischer Betreuung im Heim das Kind sich nicht ändert, öfter nach Hause ausreißt oder Heimurlaube überzogen werden. Dies ist ein Zeichen dafür, dass sich das Kind in einem massiven Loyalitätskonflikt befindet. Dieser Loyalitätskonflikt wird durch ein Heim, das die Eltern als Verursacher der Probleme ausgrenzt, noch verschärtt.

Nehmen wir an, die Eltern seien zum Aufnahmegespräch im Heim mit erschienen. Der Sozialarbeiter vom Jugendamt ist auch mit dabei. Er teilt seine Problemsicht mit, indem er freundlich umschreibend die schwierigen Familienverhältnisse für das Stehlen verantwortlich macht. Die Erzieher und die Heimleitung bekommen durch diese Problemsicht unterschwellig den Auftrag, es besser zu machen als die Eltern. Sie haben auch nichts anderes erwartet und nehmen dies an, indem sie sofort eine Reihe von Konzepten entwickeln, wie in der Folgezeit mit dem Kind zu verfahren sei. Das Kind wird etwa einer besonders mütterlichen Erzieherin anvertraut, weil Stehlen ja auch ein Zeichen dafür ist, dass das Kind zu wenig Liebe bekommen hat. Zum Schluss des Aufnahmegesprächs wird den Eltern vielleicht noch freundlich schonungsvoll mitgeteilt, dass der Kontakt zum Kind, zumindest in der ersten Zeit, einzuschränken ist. Das Heim erwartet nach einer solchen Selbstdarstellung, dass die Eltern mit dem Gefühl nach Hause gehen, dass ihr Kind gut aufgehoben ist.

Leider muss das nicht so sein. Wie schonungsvoll auch immer die Heimunterbringung begründet wird, die Eltern sehen sich mit der Tatsache konfrontiert, dass sie in der Erziehung versagt haben. Dies ist zumeist eine Kränkung für sie. Auch wenn sie der Unterbringung zustimmen, weil sie das Kind in der Familie nicht mehr ertragen, der Aspekt der Kränkung bleibt. Wenn nun die Erzieher, das Heim, deutlich zeigen, dass sie es besser zu machen gedenken, entsteht eine Konkurrenzsituation. Die Eltern wünschen vielleicht insgeheim, dass auch die Erzieher scheitern, und sie werden bei weiteren Kontakten mit dem Kind kritisch nachfragen, das Heim schlecht machen und sich immer wieder bei der Heimleitung oder sogar dem Jugendamt über die mangelnde Disziplin im Heim beschweren, das Kind aber sogar verwöhnen und in Schutz nehmen.

Es ist so ein neues System mit einer neuen Regel entstanden, in dem das Kind sein Symptom behält, und zusätzlich das Heim und das Jugendamt die familiäre Sündenbockposition einnehmen. In dieser Position beginnt das Heim dann notgedrungen, sich negativ zu verhalten. Der Druck auf das Kind nimmt zu, Hausbesuche werden einzuschränken gesucht, die Eltern wehren sich eventuell mit Dienstaufsichtsbeschwerden bei der Heimaufsicht. Das Kind sitzt zwischen den Stühlen; sich im Heim zu bessern, würde Loyalitätsverrat an seinen Eltern bedeuten; sich nicht zu ändern, bedeutet Illoyalität aus Sicht des Heimes.

Allerdings bietet das Kind oft selbst dem Heim einen Ausweg aus dieser Situation pädagogischen Ohnmachtgefühls. Da es ja gewohnt ist, die Sündenbockrolle zu spielen und damit dem bedrohten Selbstwertgefühl und der bedrohten Beziehung der anderen zu Hilfe zu kommen, wird es diese Rolle auch im Heim annehmen. Dies kann beispielsweise in einer solchen Eskalation negativen Verhaltens bestehen, dass selbst der gutwilligste Erzieher nach einiger Zeit ruhigen Gewissens für eine Verlegung in ein anderes Heim stimmen kann.

Drei Aspekte der Beziehungsproblematik

Als drei wesentliche Aspekte seien genannt:

1. Heim und Jugendamt werden mit einer ganz bestimmten Rollenzuweisung in das familiäre System und das familiäre Selbstverständnis eingebaut, und zwar so, dass sie zur Stabilisierung der Familie beitragen, indem sie den familiären Konflikt entschärfen.
2. Das Kind wird im Heim sein jahrelang eingeübtes familiäres Rollenmuster wiederholen und es zumeist schaffen, die problematische Beziehungskonstellation aus seiner Herkunftsfamilie auch im Heim wiederherzustellen.
3. Das Kind befindet sich in einem Loyalitätskonflikt zwischen Heim und Familie.

In den vorherigen Ausführungen wurde als Beispiel für eine problematische Rollenzuweisung die Sündenbockrolle gewählt. Dies ist natürlich nur eine mögliche Problemkonstellation. Es gibt noch eine Reihe anderer. Ihnen allen gemein ist aber, dass das Kind oder der Jugendliche von seinen Eltern in einer bestimmten Rolle gebraucht wird und sich brauchen lässt, die seinem Alter und seinem Recht auf Selbständigkeit nicht entspricht. Ich nenne die Rollen: Ersatzpartner eines Elternteils, Vermittler zwischen den Eltern oder sogar die Elternrolle in der Familie. Weiterhin differieren die Rollenzuweisungen in ihrer Ausschließlichkeit und Starrheit, und je nachdem wird die Situation im Heim auch problematischer oder weniger problematisch, was auch bedeutet, dass das Gefühl der Erzieher, hier müsste mal mit den Eltern gearbeitet werden, auch verschieden stark ausgeprägt ist.

Was *können wir* tun?

Hier möchte ich zunächst auf mögliche Ziele der Arbeit und den Unterschied zwischen der Familienarbeit und der auf das Kind gerichteten pädagogischen Arbeit eingehen.

Als allgemeines Ziel kann man die Erweiterung der Beziehungs- und Handlungsmöglichkeiten bezeichnen, denn das Hauptproblem der stark in ihre Herkunftsfamilie eingebundenen Kinder und Jugendlichen ist ja, wie eben dargestellt, dass sie auf ein relativ enges und starres Rollenmuster festgelegt sind. Der Familientherapeut Helm Stierlin bezeichnet das Ziel als »bezogene Individuation«. Darunter ist die Fähigkeit sowohl zur Bindung als auch zur Abgrenzung von anderen Menschen in ausgewogener und flexibler Weise zu verstehen.

In der Heimerziehung heißt das Ziel allgemein »Verselbständigung«, wobei hier jedoch weniger die Beziehungsprobleme, sondern die Kriterien »Allein wohnen« und »Arbeitsaufnahme« oder »Ausbildung« im Vordergrund stehen. Diese stehen allerdings in einem engen Zusammenhang. Ein starres Rollenmuster, wie Sündenbockverhalten, gefährdet jede Arbeitsaufnahme.

Bei den Zielen muss man nun weiterhin differenzieren, ob es sich um Kinder oder Jugendliche handelt. Bei Jugendlichen ist im allgemeinen keine Wiedereingliederung in die Familie geplant. Bei Kindern, die nur zeitweise im Heim untergebracht sind, ist gerade das das Ziel. Die Wiedereingliederung wird dort problematisch, wo die Kinder vielleicht in eine Familie zurückkommen, in der sich die Strukturen nicht geändert haben. Das bedeutet aber, nach kurzer Zeit sind dieselben Probleme wieder da.

Hier wird deutlich, dass in vielen Fällen die auf das Individuum gerichtete pädagogische Arbeit im Heim, die neue Rollen in neuen Lebensbezügen und damit neue Fähigkeiten und neues Wissen beabsichtigt, ergänzt werden muss durch eine Familienarbeit, die es dem Kind oder dem Jugendlichen ermöglicht, auf die ambivalente Rolle in seiner Familie zu verzichten, die ihm ja immerhin ein gewisses Maß an Wichtigkeit und Sinn garantiert, und die es den Eltern ermöglicht, ein neues familiales Gleichgewicht ohne die Problemrolle des Kindes zu finden. Dazu Schaubild 1:

Schaubild 1:

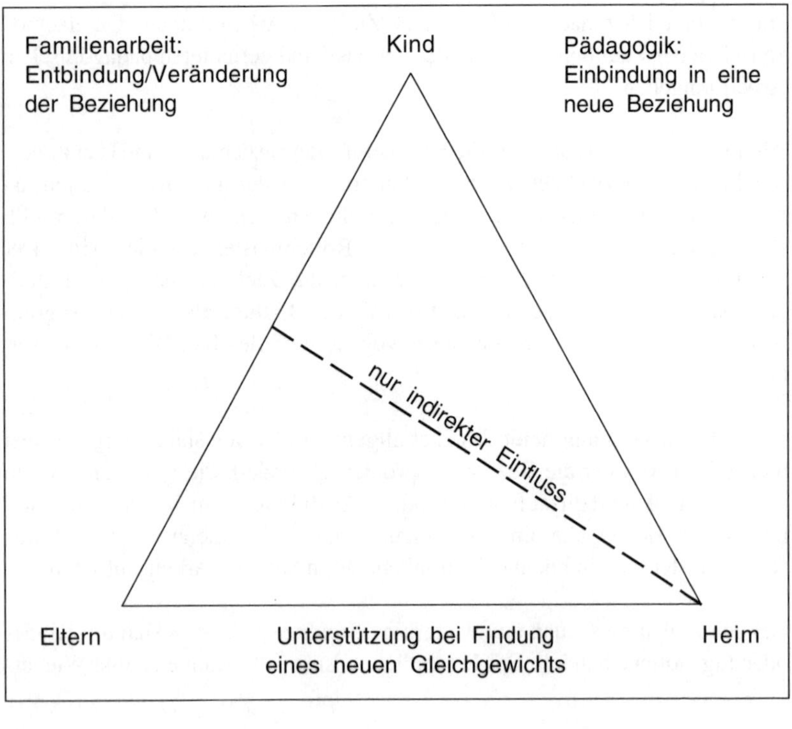

In dem obigen Schema stellt der Pfeil zwischen dem Kind und dem Heim die normale Beziehungsaufnahme dar, bei der das Kind in den Beziehungszusammenhang Heim (Erzieher, Sozialarbeiter, Heimleitung, andere Kinder usw.) integriert wird. Der Pfeil zwischen dem Kind und den Eltern stellt die fortdauernde Einbindung in das Familiensystem dar.

Beziehungen lassen sich nun als Kraftfelder oder Beeinflussungsfaktoren verstehen. Entlässt die Familie das Kind nicht aus seiner Rolle, so werden die pädagogischen Bemühungen des Heims fehlschlagen. Mit anderen Worten, auch die Beziehung zwischen dem Kind und den Eltern muss sich ändern. Auf diese Beziehung hat das Heim aber nur einen indirekten Einfluss, wie die gestrichelte Linie zeigt. Am ehesten noch lässt sich diese Beziehung beeinflussen, wenn das Heim zu beiden Beteiligten Kontakt aufnimmt. Ziel des Beziehungsaufbaus zwischen Eltern und Heim wäre die Unterstützung der Familie bei der Findung eines neuen Gleichgewichts, die Entlastung von Schuldgefühlen usw.

Die obige Darstellung ist natürlich sehr vereinfacht. Normalerweise sind noch wesentlich mehr Beziehungen des Kindes im Spiel, auf die das Heim nur einen indirekten Einfluss hat. Dies soll Schaubild 2 verdeutlichen.

Schaubild 2:

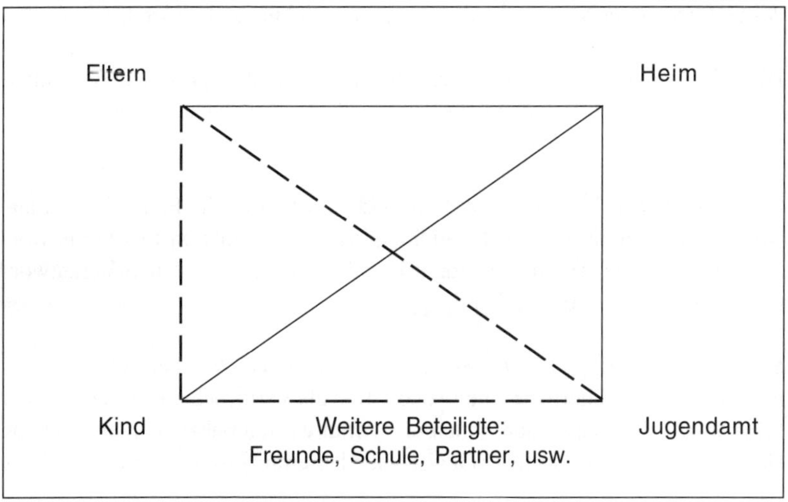

Die gestrichelten Linien stellen Beziehungen dar, an denen das Heim nicht beteiligt ist. Jeder kann sich vorstellen, wie viele solcher Beziehungen entstehen, wenn die normalen weiteren Bezugspartner des Kindes (Schule, Freundeskreis, Gruppe im Heim usw.) noch hinzukommen. Es wird also deutlich, je mehr Parteien an einem Beziehungssystem beteiligt sind, desto weniger direkten Einfluss hat einer der Beteiligten. Für das Heim ist es also um so wichtiger, wenigstens die möglichen Beziehungen aufzubauen.

In Heimen, die die Kinder und Jugendlichen von vielfältigen Beziehungsmöglichkeiten isolieren, wie es das Konzept des pädagogischen Schutzraumes mit Heimen auf dem Lande vorsieht, scheint es zunächst weniger nötig, solche Beziehungsarbeit zu treiben. Doch muss man sich vergegenwärtigen, dass die räumliche Entfernung allein noch nicht eine Beziehung beendet. Im übrigen lassen auch Seltene: Lebenszeichen, wie Briefe oder Telefonate, Beziehungen wieder präsent werden.

Einige Aspekte der Praxis der Familienbeziehungsarbeit

Jedes Heim muss nach seinen eigenen Möglichkeiten und Problemlagen seinen Weg der Zusammenarbeit mit den Eltern der Kinder finden. Dennoch lassen sich einige allgemeine Punkte nennen, die von großer Bedeutung für das Gelingen oder Misslingen der Familienbeziehungsarbeit sind.

Dies sind zunächst der Erstkontakt und das Aufnahmegespräch. Wie oben ausgeführt, werden Beziehungen nicht bewusst ausgehandelt, sondern Positionen im Beziehungsspiel werden unterschwellig zugewiesen.

Ein wesentlicher Aspekt dieser Positionszuweisung ist die Frage der Verantwortungsverteilung. Es gibt Positionen, die von vornherein mit Verantwortung beladen sind (Heim, Jugendamt), und es gibt solche, denen Verantwortung entzogen wird (Eltern, Kind).

Schon im Erstgespräch kann es zur entscheidenden Weichenstellung kommen. Werden die Eltern insgeheim oder offen als Verursacher angesehen, dann folgt daraus die Maßnahme, ihnen die Verantwortung abzunehmen, und das Heim lädt sie sich auf nach der Devise »nun lassen sie uns mal ran«. Hier gilt es nun, die grundsätzliche Ambivalenz der Eltern zu sehen. Der Auftrag der Eltern an das Heim lautet nicht »nehmt uns das Kind ab und macht es besser«, sondern insgeheim fürchten die Eltern, dass sie diskreditiert werden.

Die fast zwangsläufigen Rollenzuweisungen »Eltern inkompetent und verantwortungslos« - Heim kompetent und verantwortungsvoll« müssen schon im Erstgespräch gezielt verhindert werden.

Das pädagogische Fachpersonal des Heimes sollte sich darüber im klaren sein, dass es in jedem Fall einem Familienuniversum, einer Familienwelt begegnet, die - trotz offenkundiger Misere – ihren eigenen Sinn, ihre eigenen Ziele und ihre eigene Tradition hat. Mit anderen Worten, anstatt sich in aller- bester Absicht vorschnell in Verantwortungsübernahme und Maßnahmen zu - stürzen, könnte zunächst versucht wer den, die innere Logik dieses Familienuniversums zu entschlüsseln. Zugang zur Familie ist allerdings nur zu finden, wenn auch den Eltern - nicht nur dem Kind - Achtung und Wertschätzung entgegengebracht wird.

Dazu gehört im einzelnen: Anerkennen, dass die Eltern mit ihrer Erziehungsmethode auch gute Absichten gehabt haben; anerkennen, dass es sie schmerzt zu sehen, dass sich diese Absichten nicht verwirklicht haben; anerkennen, dass es für sie schmerzhaft ist, die - volle erzieherische Gewalt abzugeben; anerkennen, dass sie nicht alles falsch gemacht haben.

Diese Anerkennung fällt im Einzelfall schwer, denn aus Schuldgefühl und Kränkung begegnen die Heimerzieher oftmals einer massiven Abwehr, die es ihnen nicht leicht macht, etwas anzuerkennen; die Eltern erscheinen unsympathisch. Sie können versuchen, alle Schuld auf das Kind abzuwälzen, sie treten fordernd auf, und versuchen dem Heim Vorschriften zu machen; sie können so tun, als interessiere sie alles, was mit dem Kind zu tun hat, nicht mehr; oder sie fallen in eine reisignative Passivität nach dem Motto »es war alles falsch«. Gelingt es aber, Zugang zu den Eltern zu finden und ihnen eher partnerschaftlich als enteignend, eher mit der Absicht, zu verstehen als zu verurteilen, gegenüberzutreten, dann ist die Chance größer, dass - sie auch konstruktiv an der teilweisen Ablösung des Kindes oder Jugendlichen vom familiären Universum mitarbeiten.

Paradoxerweise wird es ihnen durch die Hereinnahme in den Erziehungsprozess des Heimes, indem pädagogische Maßnahmen und Ziele mit ihnen abgesprochen werden, indem sie nach ihrer Meinung gefragt werden und auch das Heim ihnen gegenüber vielleicht einmal Ratlosigkeit zugibt, eher möglich loszulassen und sich zurückzuziehen.

Zusammenfassend lässt sich sagen, dass die Verantwortungsverteilung niemals so aussehen sollte, dass Eltern und Kind sich zurücklehnen nach dem Motto »nun macht mal, wir sind ja sowieso unfähig«, und dass die Heimerzieher andererseits sich verzweifelt den Kopf zerbrechen, wie sie die Klienten dazu kriegen, selbständig zu sein, indem sie ihnen immer wieder vermitteln »sei selbständig!«.

Dies ist eine paradoxe Aufforderung und somit unerfüllbar. Auch in der Heimerziehung könnte man über folgenden familientherapeutischen Lehrsatz von *Ferber* und *Ranz* nachdenken: »Die Therapeuten sind verantwortlich für die Therapie - die Familienmitglieder für ihr Leben.«

Wer soll die Familienarbeit wann, wo und wie durchführen?

Es sind die verschiedensten Modelle auf einem Spektrum zwischen »keine Familienarbeit im Heim« und »Familienarbeit statt Heim« denkbar. Eine ganze Reihe solcher Modelle werden zur Zeit erprobt, aber gültige Aussagen über die Überlegenheit des einen oder anderen sind zur Zeit nicht zu treffen. Dies betrifft sowohl das Setting als auch die jeweilige familientherapeutische Schulrichtung.

Ein Unterscheidungsaspekt der Modelle ist die Frage, ob die Familienarbeit durch die Erzieher oder durch einen oder mehrere Fachleute durchgeführt werden soll. Der Autor erprobt zur Zeit ein Modell, das sich als eine Mischung von Familienberatung und Live-Supervision bezeichnen lässt. Dabei finden regelmäßige Gesprächsrunden statt, an denen die ins Heim aufgenommenen Jugendlichen, ihre Eltern und Geschwister, ein oder zwei Gruppenerzieherinnen, gegebenenfalls die Heimleiterin teilnehmen. Der Autor übernimmt die Gesprächsleitung. Ziele sind der Aufbau eines gegenseitigen Vertrauensver-

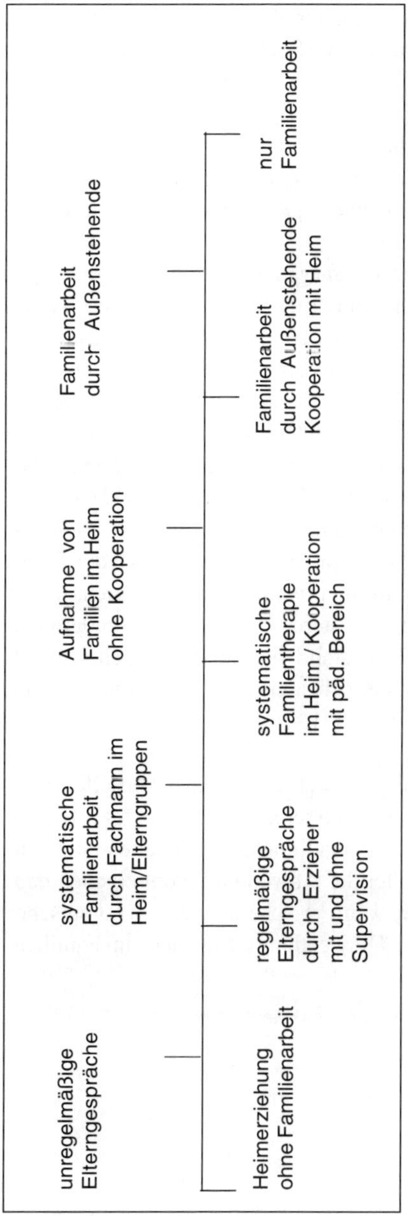
unregelmäßige Elterngespräche
systematische Familienarbeit durch Fachmann im Heim/Elterngruppen
Aufnahme von Familien im Heim ohne Kooperation
Familienarbeit durch Außenstehende
Heimerziehung ohne Familienarbeit
regelmäßige Elterngespräche durch Erzieher mit und ohne Supervision
systematische Familientherapie im Heim / Kooperation mit päd. Bereich
Familienarbeit durch Außenstehende Kooperation mit Heim
nur Familienarbeit

Schaubild 3:

hältnisses, die Aufdeckung bestimmter familialer Muster, die sich auch auf die Erzieher übertragen haben, und die gemeinsame Suche nach Lösungsmöglichkeiten.

Die Arbeit mit diesem Modell steht allerdings noch am Anfang. Es zeichnet sich ab, dass sich das eben dargestellte Setting nur selten erreichen lässt, so dass auch mit einem Teil der Beteiligten jeweils gearbeitet werden muss.

Da das pädagogische Personal des Heims immer in das familiäre Beziehungssystem einbezogen wird, sollte auch eine diesbezügliche Supervisionsmöglichkeit bestehen. Von großem Nutzen ist dabei die Selbsterfahrung der eigenen Herkunftsfamilie des mit der Familie arbeitenden Pädagogen. Eine solche Selbsterfahrung kann etwa mit Hilfe von Familienskulpturen durchgeführt werden. Oft geht es darum, dem spontanen Drang zu widerstehen, in eine Helferrolle einzusteigen, die letztendlich nur die Inkompetenz der Familie bestätigt. Familienbeziehungsarbeit in der Heimerziehung muss auch keineswegs in Konkurrenz zur Einzel- oder Gruppenarbeit oder -therapie geraten. Vielmehr können erprobte Methoden, wie etwa die Gesprächstherapie, die Kinder-Spiel-Therapie usw. ebenfalls von der systemischen Perspektive profitieren, indem sich der jeweilige Therapeut darüber klar wird, dass seine Veränderungsbemühungen Reaktionen und auch Widerstand bei der familialen Umwelt eines Klienten hervorrufen, oder indem er selbst erkennt, wo er ins familiäre System integriert wurde.

Insgesamt gesehen kann die systemische Sichtweise dazu verhelfen, den eigenen Standpunkt, die eigenen Ziele zu relativieren und zu einer realistischen Einschätzung der eigenen pädagogischen Handlungsmöglichkeiten zu gelangen. Eine solche Einschätzung beinhaltet die Abwendung vom eigenen pädagogischen Omnipotenzanspruch, der, wenn er scheitert, ein pädagogisches Ohnmachtgefühl nach sich zieht, und die Hinwendung zu den noch im Familiensystem vorhandenen Ressourcen.

5. Der Familienhelfer - ein Alltagstherapeut

Die Familientherapie ist eine Interventionsform, die in Deutschland in Berlin am weitesten verbreitet ist. Ich werde in meinem Beitrag dieses Praxismodell kurz vorstellen, einige zentrale Probleme der Arbeit aufzeigen und darlegen, welchen Beitrag der Ansatz der Systemischen Therapie für die Lösung dieser Problem leisten kann.

Wohl kaum eine andere Interventionsform ist derart in den Alltag von Klienten eingebunden, hat deren Alltag zum Ziel wie die Familienhilfe, denn der Familienhelfer verbringt bis zu 19 Stunden wöchentlich mit den Familien, oft in deren Wohnungen. Ein wichtiger Ansatz für die Entwicklung des Familienhilfemodells war die pädagogische und natürlich auch finanzielle Zielvorstellung, Fremdunterbringung etwa im Heim - zu vermeiden. Seit 1970 wurden die ersten Familienhelfer zur Haushaltfortführung bei kurzfristiger Abwesenheit der Eltern, zum Beispiel durch Krankheit, eingesetzt.

Seit 1973 kam eine zweite Zielvorstellung hinzu, es wurden nun auch Einsätze als sonderpädagogische Maßnahmen durchgeführt mit dem Akzent, die Eltern bei der »Wahrnehmung ihrer Erziehungsaufgaben und bei der Bewältigung ihrer gesamten Lebenssituation« zu unterstützen. Dieses Ziel des Einsatzes ist heute das überwiegende.

Am 31. März 1981 wurden entsprechende Familienhelfervorschriften erlassen. Darin wird die Familienhilfe, oder genauer, »Die Hilfe zur Erziehung in der Familie«, auch als »ambulante vorbeugende Form der Jugendhilfe auf der Grundlage der §§ 5, 6 JWG« definiert.

Die Erwartungen, die sich auf dieser Grundlage an die Familienhelfer richten, sind unter anderem:

- Veränderungen der Kommunikationsformen in der Familie,
- Verbesserung der Beziehungen zwischen Familie und sozialer Umwelt,
- Gestaltung eines entwicklungsfördernden Lernfeldes für die Kinder,
- Unterstützung der Eltern in Fragen der Haushaltsführung sowie
- Krisenintervention bei Partnerproblemen und ökonomischen Problemen,
- zum Beispiel bei drohender Exmittierung.

Diese Ansprüche sind angesichts der Probleme der Familien, und angesichts des Ausbildungs- und Erfahrungsstandes der eingesetzten Helfer meistens zu hoch.

Welches sind die Probleme der Familien?

Sie gehören oftmals der unteren Sozialschicht an und haben ein nur geringes Erwerbseinkommen. Sie sind arbeitslos und leben von Sozialhilfe.

Die Wohnungen sind oft zu klein und schlecht ausgestattet, oder sie leben in teuren von den Sozialämtern finanzierten Neubauwohnungen, die sie sich bei eigener Erwerbstätigkeit nie leisten könnten, wodurch diese natürlich auch nicht attraktiv ist. Die Kinderzahl liegt im Durchschnitt bei 3,6.

Das Bildungsniveau ist gering, oder schulische Bildung wird sogar abgelehnt, und diese Grundhaltung an die Kinder vermittelt. Die Eltern sind allgemein überlastet. Soziale Kontakte werden vorwiegend innerhalb des Verwandtschaftssystems gepflegt, eine Teilnahme am mittelschicht-orientierten sozialen oder kulturellen Leben findet nicht statt.

Hinzu treten oft Symptome wie Alkoholabhängigkeit der Eltern, schwere Krankheiten, zum Teil mit psychosomatischer Komponente, Erziehungsprobleme und Symptome bei den Kindern, wie Bettnässen oder Delinquenz bei Jugendlichen. Es dominieren impulsive, aggressive und nonverbale Kommunikations-

und Problemlösestrategien. Zum Teil wohnen diese Familien auch noch in einer Art Ghetto zusammen, zum Beispiel in Haselhorst.

Auslöser des Familienhilfeeinsatzes sind oft Schulprobleme.

Bei der Beschreibung der Klientel muss man allerdings unterscheiden zwischen den sogenannten Multiproblemfamilien, die oft schon jahrelang amtsbekannt sind, manchmal schon seit Generationen und den Familien, in denen der Familienhelfer zur Krisenintervention eingesetzt wird, zu diesen können auch Mittelschichtfamilien gehören.

50% der Einsätze erfolgen bei alleinerziehenden Eltern.

Die eingesetzten Familienhelfer dagegen sind zumeist Studenten oder Absolventen psychosozialer Fachrichtungen, gehören also zur Mittelschicht. Von ihnen sind 1/3 unter 25 und 2/3 über 25 Jahre alt, sie sind zumeist unverheiratet und haben keine Kinder.

Der Einsatz als Familienhelfer ist oft ihre erste intensive Praxiserfahrung und ihr Einstieg ins Berufsleben. Er dient ihnen zur Überbrückung von Arbeitslosigkeit und zur praktischen Qualifikation.

Auf diese Weise stoßen bei der Familienhilfe oft zwei Wertwelten zusammen. Es wird wohl deutlich, dass Engagement und Parteilichkeit allein unter diesen Voraussetzungen noch keine ausreichende Praxisqualifikation darstellen, sondern dass eine methodische Ausbildung hinzutreten muss, um in diesem Problemfeld nicht zu versinken. Teil dieser methodischen Qualifikation könnte auch der systemische Ansatz sein.

Bevor ich nun einige Probleme aus der Praxis der Familienhilfe im Detail darstelle, will ich Grundannahmen der systemischen Familientherapie erläutern, die für die Analyse dieser Probleme von Bedeutung sind.

A. Die Familie ist ein System und damit eine Ganzheit

Das bedeutet vor allem, dass kein Verhalten eines Familienmitglieds völlig unabhängig von den Reaktionen der anderen ist. Jeder ist gleichzeitig Täter oder Opfer oder besser - Beeinflusser und Beeinflusster.

Ist einer zum Beispiel der Tyrann, so kann er es nur so lange sein, wie die anderen es zulassen; das heißt die Rollen in den Familien ergänzen sich. Damit ist durchaus unterstellt, dass die »Opfer des Tyrannen« individuell gute Gründe haben mögen, sich nicht aufzulehnen und einen Schrecken ohne Ende einem Ende mit Schrecken vorziehen.

Diese Gründe liegen einmal in den Umweltbedingungen (etwa wenn eine Frau für sich außerhalb ihrer desolaten Familiensituation auf dem Arbeitsmarkt kaum Lebenschancen sieht und Angst hat, sich zu trennen), zum anderen in Erfahrungen in den Herkunftsfamilien, etwa wenn schon der Vater einer Klientin Alkoholiker war, zum Teil in dem, was Bateson »Hybris« nennt, dem Glauben, das "Familienspiel" doch eines Tages noch ganz allein zu bestimmen.

B. In jedem System, also auch in der Familie gibt es sowohl die Tendenz zur Aufrechterhaltung des status quo, als auch die Tendenz zum Wachstum, zur Veränderung.

Um ihre Identität im Zeitverlauf zu bewahren, muss sich die Familie den sich verändernden internen und externen Bedingungen anpassen. Zum Beispiel dem Älterwerden der Kinder, der Arbeitslosigkeit des Familienernährers usw. Das heißt, die Transformation des Systems, die Veränderung der Rollen und Beziehungen in der Familie muss akzeptiert und aktiv erarbeitet werden.

Veränderung ist individuell jedoch oft mit Angst und immer mit dem Aufgeben von bestimmten Sichtweisen, Verhaltensweisen und vor allem Beziehungsbedürfnissen verbunden, da eine Veränderung der Familienorganisation auch eine Veränderung der Rollen und Beziehungsformen bedeutet, zum Beispiel erfordert die Geburt eines Kindes normalerweise eine größere Verantwortungsübernahme der Eltern und gleichzeitig den teilweisen Verzicht auf das Ausleben eigener regressiver Wünsche.

C. Probleme sind immer in einem Beziehungskontext zu sehen.

Probleme und vor allem Symptome entstehen, wenn eine Familie eine notwendige Neuanpassung an eine veränderte interne oder externe Situation nicht vollziehen kann, sondern statt dessen ein immer starrer werdendes Interaktions- und Rollenmuster entwickelt.

Dies ist zumeist ein Mehr-desselben-Muster, das heißt verfügbare, aber für diesen Fall unangemessene Reaktionen werden quantitativ gesteigert, zum Beispiel autoritäre Maßregelungen eines Jugendlichen, der sich ablösen will. Symptome erscheinen in dieser Perspektive als letzte Haltepunkte vor dem Auseinanderfallen des Systems.

D. Der Beobachter muss sich in die Diagnose miteinbeziehen, denn oft sind es nicht die internen Rollenkonstellationen und "Beziehungsspiele", die einen Stillstand der Entwicklung hervorrufen, sondern ein "Beziehungsspiel" zwischen Familie und Amt.

Besonders bei Familien, die jahrelang von Sozialhilfe leben und unter ständiger Aufsicht stehen, lässt sich beobachten, dass ein größeres System entstanden ist, in dem die Familie die regressive und der zuständige Sozialarbeiter die progressive, das heißt verantwortliche Rolle übernommen hat. Nur führt die gutgemeinte Intervention, zum Beispiel immer weitere materielle Leistungen zu bewilligen, oft nicht zur Übernahme von Eigenverantwortung und Aktivität auf Seiten der Familie.

In einer solchen Situation wird dann unter Umständen ein Familienhelfer eingesetzt.

Wie ist dessen Ausgangssituation?

Er tritt zumeist in einer Situation auf den Plan, in der der zuständige Sozialarbeiter bereits einige Versuche unternommen hat, das Problem anders zu lösen, zum Beispiel durch materielle Bewilligungen. Zumeist nicht die Familie sondern der Sozialarbeiter ist auf die Idee gekommen, einen Familienhelfer einzusetzen.

Offiziell wird dieser der Familie dann als zuständig für die Kinderbetreuung oder Schularbeitshilfe vorgestellt, insgeheim erwartet der Sozialarbeiter jedoch, dass der Familienhelfer im Sinne der gesetzlichen Regelung Einfluss auf das Erziehungsverhalten der Eltern oder sogar auf deren Partnerbeziehung nimmt, und zwar möglichst unter Fortsetzung der ursprünglichen Strategie des Sozialarbeiters. Oft wird der Familienhelfer gezielt für diesen Einsatz ausgesucht.

Mir ist da folgender Fall bekannt:

Ein Sozialarbeiter versucht vergeblich, den Ehemann zu überreden, sich von seiner alkoholkranken Ehefrau zu trennen, als Schulprobleme bei den Kindern auftreten. Als Familienhelferin wird eine mütterliche Frau ausgesucht, die die inkompetente Mutter möglichst ersetzen und dann evtl. aus der Familie verdrängen soll.

Hier wird deutlich, dass der Sozialarbeiter bei seiner Intervention von seinem gesetzlichen Auftrag, der Parteinahme für die Kinder, seinen persönlichen Werten, Zielen und Problemlösungsstrategien ausgeht, die Familie aber ganz andere Ziele haben kann, insbesondere in ihr die Ziele Stabilität und Angstdämpfung emotional höher bewertet werden als das Ziel Befreiung vom Symptom. In diesem Fall hatte der Mann starke Angst, allein zu sein und war seiner Frau nach langer Ehe auch verpflichtet. Die Alkoholproblematik der Frau stand in Zusammenhang mit Eheproblemen, die bearbeitet werden mussten.

Einerseits fürchtet die Familie den Familienhelfer als Amtsvertreter, andererseits erwartet sie konkrete Entlastung, Unterstützung und Parteinahme für ihre Interessen, im seltensten Fall aber eine Hilfe bei der Neustrukturierung ihrer Beziehungen. Eine Sozialhilfeempfängerin erzählte mir über »ihren« Familienhelfer einmal folgendes: »Wenn er kommt, muss er erst mal Kaffee machen, und wenn ick und meen Süßer mal alleene sein wollen, denn jeht er mit die Jören runta spieln.« Der Familienhelfer, ein junger Psychologe, war zwar mit den Nerven am Ende, wagte aber nicht aufzumucken, um seinen Job nicht zu gefährden.

Auf jeden Fall empfiehlt sich für jeden Familienhelfer und den ihn einsetzenden Sozialarbeiter zu Beginn der Tätigkeit eine genaue systemische, das heißt Beziehungs-Analyse des Problems und der Rollenerwartungen.

Hat die Arbeit begonnen, ist trotz Misstrauen der Kontakt zur Familie hergestellt, muss der Familienhelfer sich gleich vor der gegenteiligen Tendenz retten, der Einvernahme.

Aus systemischer Sicht ist das Hauptziel der Intervention, der Familie bei einem Neuanpassungsprozeß an eine veränderte Lebenssituation, einer Umstrukturierung von Rollen und Interaktionsformen zu helfen, so dass Symptome überflüssig werden. Entwicklung soll wieder stattfinden, Hilfe zur Selbsthilfe soll erfolgen.

Stattdessen wird der Familienhelfer in eine Rolle gedrängt oder gesaugt, die eher den status quo verfestigt, und oft steigt er, ohne es zu merken, in diese Rolle ein, zum Beispiel weil sie ihm aus seiner eigenen Herkunftsfamilie vertraut ist. Er kann sich gegen diese schnell einsetzende Betriebsblindheit kaum wehren, da er oft sehr viele Stunden pro Woche in der Familie verbringt, und hat es so wesentlich schwerer als ein Familientherapeut, dem ein Beobachtersetting oder wenigstens Videobänder zur Reflexion zur Verfügung stehen. Im folgenden seien einige Beispiele für die Rollenzuweisungen genannt:

- Ersatzpartner eines alleinerziehenden Elternteils.
- Der Familienhelfer kann zwischen zerstrittenen Eltern in die Rolle des Schiedsrichters oder Nachrichtenübermittlers geraten, eine Rolle, die vielleicht auch schon die Kinder spielen, und zudem eine Rolle, die ihm vielleicht aus seiner eigenen Herkunftsfamilie bekannt ist.
- Er kann sich mit den Kindern solidarisieren und in Konkurrenz mit den Eltern geraten, nun um die Frage »Wer sind die besseren Eltern«, oder auch in Konkurrenz mit dem Sozialarbeiter.
- Er kann sich mit der Mutter und den Kindern gegen den vielleicht alkoholabhängigen Vater und Tyrannen solidarisieren.
- Oder er wird von den inkompetenten Eltern und den bedürftigen Kindern in eine überverantwortliche »Großelternrolle« befördert, so dass er sich abmüht, und die Familie ihn dankbar anhimmelt, aber ansonsten passiv bleibt.

Dies sind natürlich Rollen, die auch der zuweisende Sozialarbeiter innehaben kann.

Die Zusammenarbeit von Sozialarbeiter und Familienhelfer

Ist der Familienhelfer erst einmal mit einer bestimmten Rolle in die Familie integriert, kann er in einen Loyalitätskonflikt zwischen Familie und Amt geraten, als »Retter der Familie« nimmt er zum Beispiel den Kampf gegen das Amt auf. Dabei kann er zwischen den Ansprüchen von Amt und Familie aufgerieben werden. Der Sozialarbeiter möchte Informationen von ihm und die Intervention mitbestimmen. Der Familienhelfer glaubt vielleicht, die Familie schützen zu müssen und unterstützt sie eventuell in ihrem Bedürfnis, weitere materielle Leistungen zu erlangen.

Der Sozialarbeiter muss sich darüber im klaren sein, dass er weiter in der Verantwortung bleibt, weiter zum System gehört und den Fall nicht einfach vom Schreibtisch hat. Helfer und Sozialarbeiter müssen ein Vertrauensverhältnis aufbauen und dürfen sich keinesfalls gegeneinander ausspielen lassen (Triangulierung).

Die entscheidende Weichenstellung, ob ein Einsatz scheitert oder gelingt, erfolgt schon bei der Beauftragung des Familienhelfers. Der Sozialarbeiter und der Familienhelfer müssen vor jedem Einsatz prüfen, welche offenen und verdeckten Aufträge bestehen: Ein verdeckter Auftrag wäre zum Beispiel, wenn der Familienhelfer eingesetzt wird, damit der Sozialarbeiter nach dessen Scheitern endlich Argumente für einen Sorgerechtsentzug hat.

Grundsätzlich kann es zwei verschiedene Aufträge und Arbeitsformen für den Helfer geben.

1. Er wird in der Familie als Ausfallbürge tätig für Funktionen, die zur Zeit nicht von der Familie wahrgenommen werden können. Dieser stützende Einsatz - auch über Jahre - kann sinnvoll sein, wenn nicht zu erwarten steht, dass die Familie diese Funktion selbst wieder wahrnehmen kann. Ist dagegen angestrebt, dass die Familie wieder Kompetenz erlangt, kann eine nur stützende Arbeitsform dies verhindern, weil die Familie sich auf die ersetzende Hilfe verlässt.

2. Der Familienhelfer arbeitet als Moderator der Familienbeziehungen mit dem Ziel, die Familie auf Selbsthilfe zu orientieren. Er spürt Ressourcen in der Familie auf, bringt Personen, die bislang wenig Beziehung hatten, zusam-

men, schwächt überstarke Bindungen ab, führt Interaktionen und Abläufe (Beziehungsregeln) in die Familie ein, die es vorher nicht gegeben hat. Vor allem sorgt er dafür, dass zwischen Eltern und Kindern die Generationsgrenze gewahrt wird, und hilft den Eltern, kompetente Eltern zu sein, anstatt sie noch mehr zu entmündigen. Er spricht Konflikte an und regt an, dass die Familienmitglieder sich ihrer Bedürfnisse mehr bewusst werden und diese gegenseitig befriedigen. Zum Beispiel kann ein arbeitsloser Tischler einen Schreibtisch für ein Kind bauen, anstatt dass dieser gekauft wird und der Mann passiver Fernsehkonsument bleibt. Entscheidend ist hier nicht der Schreibtisch, sondern die Befriedigung und der Aktivitätsanreiz, die der Mann dabei gewinnt sowie die Veränderung seiner Rolle im Familiensystem.

Um eine solche Moderatorenrolle wahrnehmen zu können, braucht der Familienhelfer eine gewisse professionelle Distanz. Er darf keinesfalls emotional Familienmitglied werden. Diese Distanzierung und die damit zusammenhängende professionelle Interventionsplanung kann in Rücksprachen mit dem Sozialarbeiter sowie in Supervision gefördert werden.

Stagnation und Supervision

Vor jedem Einsatz, der die Familie auf Selbsthilfe orientieren soll, ist zu bedenken, dass die Eltern grundsätzlich ambivalent sind. Einerseits erhoffen sie Entlastung (regressive Wünsche), andererseits möchten sie auch kompetente Eltern bleiben und fürchten die Kränkung durch den Familienhelfer, der es besser weiß. Der »Auftrag« der Familie lautet immer »Wasch uns, aber mach uns nicht nass«. Wenn in Problemfamilien keine Fortschritte eintreten, ist anzunehmen, dass die Eltern ihre Autonomie schützen, weil sie sich durch den Familienhelfer entmündigt fühlen, oder dass sie an einer regressiven Position festhalten, weil sie sich schon auf Versorgung verlassen gelernt haben. Besonders vor Ende eines Einsatzes können noch einmal Symptome gezeigt werden, die einen Anlas bieten sollen, dass der Helfer in der Familie bleibt. In einem solchen Fall der Stagnation geschieht oftmals folgendes: der Helfer steigert seine Strategien quantitativ, zweitens: er entwickelt ein bestimmtes Ursache-Wirkungs-Modell, zum Beispiel »die Eltern sind Schuld«, und drittens: er wird immer erschöpfter, wütender und mutloser.

Zwei Dinge sind hier aus systemischer Sicht nötig:

- Der Helfer muss seine Rolle erkennen und wahrnehmen, wie er das familiäre Interaktionssystem stützt, dem er bereits angehört, und wie er in die Beziehung Sozialarbeiter-Klient einbezogen ist.
- Er muss seine eigene Rolle ändern, und oft muss auch der Sozialarbeiter seine Rolle ändern.

Ist das Erkennen der eigenen Rolle in systemischer Supervision noch zu leisten, so ist ihre Veränderung ein sehr schwerer Schritt. Denn diese Rolle ist oft mit der Rolle identisch, die der Familienhelfer in seiner eigenen Herkunftsfamilie spielte, oder genauer, oft versucht der Helfer, in der Klientenfamilie noch den Konflikt zu lösen, an dem er bereits in seiner eigenen Herkunftsfamilie gescheitert ist.

War er zum Beispiel in seiner eigenen Familie Vertrauter der Mutter, die auf ihn vielleicht ihre Idealvorstellungen projiziert und ihn zum Gegenspieler des Vaters aufgebaut hat, so hat er gelernt, die Welt so zu interpretieren, dass eben der Vater an allem Schuld ist, und dass die Mutter gerettet werden muss. Diese Weltsicht zieht dann in der Klientenfamilie eine entsprechende Strategie nach sich.

Die Veränderung der eigenen Rolle fällt dem Familienhelfer auch deshalb so schwer, weil oftmals eher Passivität als Aktivität verlangt wird. Psychosoziale Helfer haben oft sehr hohe Selbstanforderungen und haben gelernt, Probleme durch energisches Zupacken zu lösen. Dies mag mitunter auch nötig sein, doch versetzt ein Aktiver und Kompetenter oftmals die anderen in Passivität und allenfalls in kindliche Bewunderung, die der Aktive natürlich auch genießt. Damit besteht für die Passiven und vielleicht auch Ängstlichen kein Anlas, ihre Rolle zu verändern.

In den meisten Familien, in denen Familienhelfer eingesetzt sind, kommt es aber darauf an, das zarte Pflänzchen von Eigenaktivität, Mut und Zutrauen in die eigenen Kräfte bei den Klienten zu nähren, immer zu überprüfen, ob sie vielleicht bestimmte Aufgaben selbst übernehmen können, sich evtl. sogar von ihnen beraten zu lassen, das heißt, die Ressourcen der Familie aufzuspüren und durch eigenes Rollenverhalten auch die Notwendigkeit zur Aktivität der Familie zu schaffen.

Viele Helfer werden entgegnen: »Aber in "meiner" Familie ist so etwas nicht möglich, ich muss es selbst übernehmen, ich habe es ja erlebt.« Diese Auffassung hat ihre Berechtigung, denn jeder Mensch erlebt oft, dass sich per selbsterfüllender Prophezeiung seine Prämissen bestätigen, weil sie komplementären Prämissen seiner Partner entgegenkommen.

Ressourcenorientierung in der Familienhilfe bedeutet, trotz gezeigter Inkompetenz der Klienten, deren Kompetenz und Wachstumsmöglichkeiten grundsätzlich zu unterstellen und zu stimulieren. Dies schließt durchaus ein, fördernde materielle Rahmenbedingungen zu schaffen oder wichtige Informationen beizusteuern.

Auch üben und Vorbild sein, sind nützlich, wenn nicht grundsätzlich der Impuls zu Eigenaktivität und Eigenverantwortung weggebügelt wird. Dabei ist einzurechnen, dass die Klienten selbst ganz gern an ihrer regressiven Rolle festhalten und sich zunächst gegen Anforderungen wehren.

Vollends auf verlorenem Posten allerdings steht der Familienhelfer, wenn noch andere Helfer und Dienste, eventuell sogar der Sozialarbeiter, der ihn eingesetzt hat, die Regression oder Symptome der Klienten stützen.

Dann muss in einer Helferkonferenz die Zuständigkeit abgeklärt und eine gemeinsame Interventionsstrategie entwickelt werden, leider gelingt dies auf Grund der rechtlich abgesicherten unterschiedlichen Kompetenzen nur sehr selten. Natürlich ist die Möglichkeit, Eigenaktivität der Familie zu stimulieren, entscheidend auch durch die gesellschaftlichen Rahmenbedingungen begrenzt. Wenn zum Beispiel ein alkoholkranker Vater sich entschließt, wieder zu arbeiten, fehlt heutzutage vielleicht der Arbeitsplatz.

Heute wird in vielen Bereichen der Gesellschaft Lebensangst erzeugt, so dass die deprimierende Unterwertung unter amtliche Aufsicht und Versorgung der aussichtslosen Konkurrenz auf dem sogenannten »Freien Arbeitsmarkt« noch vorgezogen wird, ja tatsächlich oft die einzige erreichbare Lebensmöglichkeit darzustellen scheint. Hier sind die Grenzen jeder therapeutisch-sozialpädagogischen Intervention erreicht, hier ist die Politik, eine Interventionsstrategie auf einer anderen Systemebene, gefordert.

Was sollte - idealerweise - ein Familienhelfer können, bzw. durch Praxis und Supervision erlernen?

Aus systemischer Sicht seien einige Grundqualifikationen genannt:

- Er sollte allparteilich sein, das heißt den Anteil jedes einzelnen am gegenwärtigen Problem wahrnehmen, indem er sich klarmacht, dass einige durch Tun, andere durch Unterlassen dazu beitragen (zirkuläre Sicht statt linearer Ursache-Wirkungs-Interpunktion).
- Er sollte, darauf aufbauend, diese veränderte Ursache-Wirkungs-Sichtweise in die Familie einführen, das heißt die »Landkarte« der Familie verändern.
- Er sollte Fähigkeiten und positive Beiträge einzelner Familienmitglieder wahrnehmen und fördern.
- Er sollte neue Beziehungen stiften und überstarke Bindungen zwischen Eltern und Kindern abschwächen.
- Er sollte seine eigenen bevorzugten Rollen und Interaktionen aus seiner Herkunftsfamilie kennen und darauf achten, dass sich nicht ähnliche Strukturen in der Klientenfamilie herstellen.
- Er sollte seine eigene Rolle flexibel einsetzen, um Aktivität zu stimulieren.
- Er sollte sowohl empathisch als auch klar und konfrontierend sein können.
- Er sollte Hilfe im Umfeld stimulieren, dazu beitragen, dass sich die Familie nach außen öffnet, indem er sie in einem größeren Kontext sieht (Amt, Stadtteil, und so weiter).
- Er sollte sich schließlich darüber klar sein, dass er nicht in und mit der Familie leben kann, sondern dass diese ihr eigenes Leben lebt.

Welche Überlegungen sollten Sozialarbeiter und Familienhelfer vor dem Einsatz anstellen?

1. An welcher Übergangsschwelle in der Familienentwicklung scheitert die Familie, welche äußeren Belastungen hat sie nicht bewältigt?

2. Bei schon langjährigen Problemen: Was ist schon alles ergebnislos versucht worden? Woran ist es gescheitert?

3. Wie sehen die Beziehungen in der Familie aus, in welchem Kontext steht sie (Herkunftsfamilie, Umfeld, Isolation, usw.).

4. Es ist eine klare Zielstellung der Familienhilfe zu erarbeiten: soll der Familienhelfer als Ausfallbürge und/oder als Moderator im Familiensystem tätig werden?
   Die Zielsetzung im Hinblick auf eine familiäre Neustrukturierung kann sich an der Frage orientieren: Wie kann der Familie geholfen werden, sich an veränderte Bedingungen anzupassen?

5. Es ist eine fortlaufende Ressourcendiagnose durchzuführen, wobei gilt, Ressourcen entdeckt man nur, wenn man sie erwartet und herausfordert. Nach ca. 1/2 Jahr Arbeit sollte abgeschätzt werden, ob sich die familiären Fähigkeiten entwickeln, oder ob eine Stagnation eingetreten ist. Daraufhin muss entweder die Interventionsstrategie des Familienhelfers verändert werden oder eine grundsätzlich andere Intervention erfolgen (z. B. Heimeinweisung).

6. Sozialarbeiter und Familienhelfer müssen kooperieren und ihre Rollen vor Einsatz des Familienhelfers genau absprechen. Jeder muss wissen, was er vom anderen erwarten kann und was dieser von ihm erwartet. Dabei sollten auch mögliche Konfliktsituationen durchgespielt werden.

7. Es sollte erkundet werden, welche Ressourcen im Umfeld der Familie bestehen.

Eine Indikation für sozialpädagogische Familienhilfe liegt nur vor, wenn wirklich in absehbarer Zeit Selbsthilfe zu erwarten ist.

Was bietet die Familientherapie dem Familienhelfer an Methoden?

Zur Diagnose des Familiensystems eignen sich Genogramm, Familienskulptur und die Aufzeichnung des Familienlebenszyklus.

- Im Genogramm werden Geburten, Todesfälle, Scheidungen, Geschwisterkonstellationen und Altersabstände deutlich. Man kann auch noch positive und negative Beziehungen eintragen und so auch Vergleiche der aktuellen Beziehungsmuster mit den Mustern in den jeweiligen Herkunftsfamilien anstellen.
- In der Skulptur, einem symbolischen Beziehungsstandbild, das zum Beispiel in einer Supervisionsgruppe mit Hilfe der anderen Teilnehmer aufgebaut werden kann, wird die Position der einzelnen Familienmitglieder und auch die des einbezogenen Helfers noch plastischer. Anhand dieser Skulptur kann der Helfer dann alternative Rollenpositionen erproben.
- Die Aufzeichnung des Lebenszyklus der Familie macht wichtige Einschnitte und Belastungen deutlich, an denen eventuell die familiäre Fähigkeit zur Neustrukturierung (Transformation) überfordert war. Es wird dadurch deutlich, vor welcher Aufgabe diese Familie stehen geblieben ist.

Als Interventionsstrategie eignet sich die positive Umdeutung, das heißt: der zum Teil selbstschädigende Beitrag jedes einzelnen zum Bestand des Familiensystems wird anerkannt, und dadurch ein Anstoß zum Aufgeben dieser Rolle gegeben, zum Beispiel bei der Rolle des Sorgenlieferanten oder Sündenbocks. Ressourcen und Können werden betont. Von großem Nutzen ist auch das zirkuläre Fragen, eine Gesprächsform, bei der in Anwesenheit aller die einzelnen Familienmitglieder Auskunft über die Beziehungen der jeweils anderen untereinander geben. Da in einem solchen Gespräch nicht belastende Gefühle im Vordergrund stehen, sondern Beziehungen, die jeder beobachten kann, lassen sich Familien leichter darauf ein.

Ziel aller Gespräche ist im weitesten Sinne die Veränderung des familiären Weltbilds der Familienmitglieder und ihrer Annahmen darüber, wie diese Familie in der Welt existieren und sicher sein kann, das heißt also auch der Prämissen über die familiäre Interaktion mit der Umwelt.

Welche Veränderungen der Rahmenbedingungen von Familienhilfe sind sinnvoll?

Aus arbeitsrechtlichen Gründen, das heißt um den Anspruch auf Festeinstellung zu vermeiden, gilt der Familienhelfer als eine Art Angestellter der Familie, und er muss sich seine geleisteten Stunden gegenzeichnen lassen. Dabei sollte eine einheitliche Regelung über Zusammenhangsstunden gefunden werden. Die Kontrolle des Helfers durch die Familie, die ihn auch erpressbar macht, ist nicht sinnvoll. Oft wären weniger Stunden Anwesenheit in der Familie angezeigt als geleistet werden. Weniger Stunden bedeuten aber weniger Geld.

Auch ein zu schneller Erfolg kann den Lebensunterhalt des Familienhelfers gefährden, ein bisschen Erfolg ist allerdings für die Verlängerung nötig. Die Rahmenbedingungen dürfen Abhängigkeitshaltungen nicht unterstützen. Es müsste also eine politische Grundsatzentscheidung fallen, ob man das Instrument Familienhilfe qualifizieren will; das würde eine methodische Grundausbildung der Helfer und Sozialarbeiter erfordern und auch eine andere Bezahlung der Helfer, zum Beispiel durch eine Pauschale (Zeitvertrag). Es müssten Anreize geboten werden, um die Fluktuation zu reduzieren.

Bei einer solchen Qualifizierung müsste sicher auch im Einzelfall die reguläre Einsatzform, das heißt ein Familienhelfer in einer einzelnen Familie, verändert werden. Die schon bestehenden Ansätze von Nachbarschaftsarbeit und Netzwerkintervention, Familiengruppenarbeit und Stadtteilarbeit könnten noch weiter ausgebaut werden, denn in den größeren Systemen liegen auch größere Ressourcen.

6. Supervision mit Hilfe von Familienskulpturen unter Einbeziehung der Herkunftsfamilie des Beraters

Die Familienskulptur ist eine Technik, mit der sich komplexe, familiäre Beziehungskonstellationen gleichzeitig und ganzheitlich in Szene setzen lassen. Sie ist die verdichtete symbolische Darstellung der Beziehungserfahrung, die der jeweilige „Bildhauer" in dieser Familie gemacht hat.

Da bei der Familienskulptur das Medium der Darstellung nicht die Sprache sondern die Handlung ist, bestehen für den „Bildhauer" im allgemeinen weniger Möglichkeiten, seine zugrundeliegenden emotionalen Erfahrungen zu zensieren.

Familienskulpturen können sowohl in der Familientherapie als auch in der Ausbildung und Supervision von Familientherapeuten eingesetzt werden.

Ich möchte auf eine umfassende Beschreibung der Technik der Familienskulptur verzichten und statt dessen auf die Literaturangaben verweisen. Thema soll hier die Verwendung dieses Mediums in der Supervision von Familientherapeuten sein.

Treffen eine Familie und ein Familientherapeut zusammen, ist der erste Schritt der Anschluss des Therapeuten an das Familiensystem, wodurch ein neues System, das Therapiesystem, entsteht. Zwar soll sich der Therapeut bei seinem Anschluss an die Familie vom Grundsatz der Allparteilichkeit leiten lassen, die ihm eine Metaposition in der Familie sichert, doch gelingt dies jedem Therapeuten in jeder Familie unterschiedlich. Das liegt daran, dass er neben seiner kognitiven therapeutischen Kompetenz und Erfahrung eine emotionale „innere Landkarte" über einerseits problematische und andererseits erstrebenswerte Beziehungskonstellationen mit sich trägt, an der er sich unbewusst und oft gegen seine therapeutische Absicht orientiert. Diese „Landkarte" ist konturiert durch die Erfahrungen in seiner eigenen Herkunftsfamilie.

Eine Supervision, die auch die Skulptur der Herkunftsfamilie des Therapeuten einbezieht, hat die emotionale „innere Landkarte“ des Therapeuten zum Gegenstand.

Hat ein Therapeut mit einer bestimmten Klientenfamilie besondere Schwierigkeiten, d.h. trotz verschiedenster Interventionen ändert sich über mehrere Sitzungen nichts mehr, liegt die Vermutung nahe, dass er in einer stabilisierenden Funktion in die Familie integriert wurde und seine Metaposition verloren hat.

Diese bestimmte Rolle mag mit Aufträgen aus seiner Herkunftsfamilie zusammenhängen. Stellt man die Skulptur des therapeutischen Systems (Familie und Therapeut) und die Skulptur der Herkunftsfamilie des Therapeuten nebeneinander, lassen sich ähnliche Strukturen finden.

Nach meiner Beobachtung in verschiedenen Supervisionsgruppen spielen bei der Berufsmotivation von Familientherapeuten häufig zwei bestimmte Rollen oder Funktionen in der eigenen Herkunftsfamilie mit. Einmal die Rolle des Versöhners, Heilers und Retters eines Elternteils (Verbündeter) oder der ganzen Familie, zum anderen die Rolle des Aufdeckers in einem pseudoharmonischen Familiensystem.

Versucht der Therapeut unbewusst, seinen familiären Grundkonflikt stellvertretend in der Klientenfamilie zu lösen, heizt er den Widerstand gegen Veränderung an und gerät entweder in ein stabiles komplementäres Muster, z.B. Übervater und inkompetente Klienten, oder ein eskalierendes symmetrisches Muster z.B. Kampf mit der Familie um die Aufdeckung von Familiengeheimnissen oder Kampf mit einigen Familienmitgliedern gegen den „bösen“ Unterdrücker. Ersteres führt zu einer „ewigen“ Therapie, letzteres zum Therapieabbruch. Ein deutliches Zeichen für die Übertragung eines eigenen Familienkonflikts ist oft der Bericht des Therapeuten über starke Schuldgefühle oder Ärger, dass die Klienten sich sperren.

Die Supervision mit Hilfe von Familienskulpturen bietet den Vorteil, dass hier unzensierte Mitteilungen über das emotionale Erleben des Therapeuten einfließen. Dies ist besonders bei kurzen Workshops mit einander fremden Teilnehmern wichtig, weil hier noch wenig Vertrauen herrscht und jeder versucht, sein ideales therapeutisches Selbstbild zu verteidigen. Alterdings ändert. sich die Atmosphäre schnell zu größerer Offenheit und Vertrauen, sobald die erste Skulptur erstellt wurde. Der „Bildhauer“ wählt unter den Anwesenden diejenigen aus, die nach seinem Gefühl die entsprechende Person in der Herkunfts- oder Klientenfamilie am besten repräsentieren könnten.

Dabei erweist sich oft, dass intuitiv genau rollengerecht besetzt wird, das heißt, die zu verkörpernde Rolle ist dem Gewählten aus seiner eigenen Herkunftsfamilie sehr vertraut. Die Skulptur wird in den Dimensionen Nähe-Distanz in der Horizontalen (Berührungen, Blickrichtung) und Macht-Ohnmacht in der Vertikalen (mit Hilfe von Stühlen und Tischen) erstellt. Zusätzlich wird den Darstellern noch ein typischer Gesichts- oder Körperausdruck gegeben. Als besondere Variante kann das System auch in typische Bewegung gesetzt werden. Nach einer Phase des Innehaltens bzw. der Interaktion berichten die Teilnehmer über ihre Empfindungen. Es ist von Vorteil, wenn der jeweilige Therapeut auch für sich selbst ein Double wählt, und die ganze Skulptur von außen betrachten kann.

Ein supervisorischer Effekt tritt ein, wenn dem supervisierten Familientherapeuten selbst analoge Strukturen in seiner Herkunftsfamilie und den Therapiesystem deutlich werden. Ich will einige Beispiele nennen:

- Koalition einer Therapeutin mit der Mutter und Ausgrenzung des Vaters in Herkunftsfamilie und im Therapiesystem
- Anlehnungsstrukturen in der Herkunftsfamilie und dem Therapiesystem, d.h. eine Therapeutin lehnt sich als Jüngste in ihrer Herkunftsfamilie an den Vater an; in der Skulptur des Therapiesystems stützt sie der jüngsten Tochter den Rücken.
- Ein Therapeut zeigt in der Skulptur der Herkunftsfamilie eine enge Beziehung mit der Mutter, zur Supervision stellt er eine Familie vor, in der beide Eltern noch in starker Symbiose mit ihren eigenen Eltern sind, er selbst ist unschlüssig einzugreifen.
- Eine Therapeutin ersetzt in ihrer Herkunftsfamilie den. toten Vater, sie stellt eine Familie vor, in der der Vater die Familie verlassen hat und zu einer anderen Frau gezogen ist.

Entscheidend für die Arbeit mit der Familienskulptur ist nicht, wie viel „objektive" Wahrheit die Bilder enthalten und wie sehr sie von Außenstehenden verstanden werden. Es kommt vielmehr darauf an, dass dem supervisierten Therapeuten eine Strukturähnlichkeit „einleuchtet". Zum Abschluss einer Supervisionssitzung kann der jeweilige Therapeut noch neue Positionen in den Systemen erproben.

Ein letztes Wort noch zur Frage, ob die Selbsterfahrung der Herkunftsfamilie für den Therapeuten auch bei einem streng methodischen Vorgehen notwendig ist .

Jede Familie versucht, aus Ambivalenz zwischen Homöostase und Veränderung den Therapeuten in das Paradoxon "Wasch mich, aber mach mich nicht nass" zu verstricken und damit seine verändernde Macht zu binden. Eine mögliche Antwort darauf ist das therapeutische Paradox, mit dem Widerstand zu gehen, indem das Symptom konsequent positiv konnotiert wird, indem die zirkuläre Befragung einsetzt und das Symptom eventuell verschrieben wird. Ein solches streng systemisches Vorgehen scheint keinen Raum für eine Gegenübertragungsreaktion zu lassen.

Hier möchte ich jedoch an den Aufsatz von Selvini Palazzoli und Prata "Die Macht der Ohnmacht" erinnern. Es wird geschildert, welche unvorhergesehenen Reaktionen der Familie eintreten können, wenn sich das Wissen um das Zaubermittel "Paradoxon" bei den Klienten verbreite und welche persönlichen Verunsicherungen bei den Therapeuten eintreten können. Eine solche Phase der Inkompetenz ohne Panikreaktion (z. B. "Mehr Paradox" ohne Veränderung der eigenen Position oder Therapieabbruch) durchstehen, erfordert gute Kenntnis der eigenen Hybris, die sich m. E. oft auf dem Glauben gründet, den Auftrag aus der eigenen Herkunftsfamilie doch noch erfüllen zu können. Der Therapeut muss derjenige sein, der in der Lage ist, eine Erstarrung im Therapiesystem zu durchbrechen, dazu muss er aber seien eigene Position darin verändern, und das wiederum kann er nur, wenn er sie kennt.

7. Supervisionsausbildung am Berliner Institut für Familientherapie - Systemische Therapie - Supervision - Beratung - Fortbildung e.V. (BIF)

Weiterbildung in systemischer Supervision

Unser Kopf ist rund, damit das Denken die Richtung ändern kann.
Francis Picabis

Das BIF - Berliner Institut für Familientherapie - Systemische Therapie Supervision - Beratung - Fortbildung e.V. bietet auf der Grundlage von System-, Kommunikations- und Rollentheorie Beratung, Therapie und Supervision an. Seit 1983 bilden wir kontinuierlich Systemische TherapeutInnen/Familientherapeutinnen aus; seit 1990 führen wir jährlich eine zweieinhalbjährige Weiterbildung in Systemischer Supervision durch.

Die Weiterbildung zum Supervisor bzw. zur Supervision beginnt jeweils im Oktober. Sie wendet sich an MitarbeiterInnen aus unterschiedlichen sozialen und psychosozialen Berufsfeldern sowie an Verwaltungsfachkräfte und Fachleute aus der Wirtschaft. Ziel der Weiterbildung ist es, die TeilnehmerInnen zur Durchführung von Einzel- (einschließlich Leitungs-), Gruppen- und Teamsupervision zu befähigen.

Systemische Supervision betrachtet berufliche Probleme und Konflikte immer im Rahmen ihres Kontextes. Dieser Kontext besteht aus einer Komplexität miteinander interagierende und vernetzter sozialer Systeme, Figurationen und Systemebenen.

Kulturen und Institutionen, Teams und Individuen werden von jedem beruflich Handelnden in spezifischer Weise wahrgenommen und mit Bedeutung versehen. Wesentliche Methoden Systemischer Supervision sind Kontextualisierung und Perspektivenwechsel, durch die im Verlauf des supervisorischen Prozesses Realitätskonstruktionen modifiziert und die Wahrnehmung von Ressourcen ermöglicht werden.

In diesem Sinne ist Systemische Supervision ein Medium für berufliche und arbeitsbezogene personale Entwicklungsprozesse, von denen SupervisandInnen, Gruppen und institutionelle Auftraggeber profitieren - nicht nur in Zeiten umfassender organisatorischer Reorganisationsprozesse. Als internes und extemes Instrument der Personalentwicklung setzt Systemische Supervision eine qualifizierte und anerkannte Weiterbildung voraus.

Im Supervisionskurs werden die theoretischen Grundlagen Systemischer Supervision sowie Beobachtungskategorien für die Wechselwirkungen der unterschiedlichen Kontextebenen und entsprechende Interventionsstrategien vermittelt.

In die Weiterbildung integriert sind mehrere Seminare zur berufsbezogenen Selbsterfahrung, in den die TeilnehmerInnen dazu angeregt werden, sich mit der Rolle in ihrer Herkunftsfamilie und den eigenen Realitätskonstruktionen, Normen und Werten sowie den Ursprüngen ihrer spezifischen beruflichen Motivation auseinanderzusetzen.

Weiterhin werden Fragen der professionellen Identität, des eigenen Lehr- und Lernverhaltens, des Selbst- und Fremdbildes bearbeitet. Die Selbsterfahrung beinhaltet zudem eine Auseinandersetzung mit den Grenzen der eigenen Verantwortung und der eigenen Möglichkeiten.

Während der Weiterbildung führen jeder Teilnehmer und jede Teilnehmerin drei Lernsupervisionsprozesse durch, von denen jeweils ein Prozeß eine Einzel- und eine Teamsupervision sein muß, der dritte Prozeß kann alternativ gewählt werden. Die TeilnehmerInnen suchen sich ihre Lernsupervisionen selbst. Ein Lernsupervisionsprozeß umfaßt mindestens 15 Sitzungen. Die Kontrolle der Lernsupervision erfolgt in der Lehrsupervision, die 40 Sitzungen, unterteilt in Einzel- und Gruppenlehrsupervision, umfaßt. Die LehrsupervisorInnen werden aus dem Kreis der BIF-LehrsupervisorInnen ausgewählt.

Für die Lehrsupervisionen entstehen zusätzliche Kosten von ca. DM 4000,-. Die Honorare sind von den TeilnehmerInnen selbst zu vereinbaren. Den Kosten stehen die eigenen Einnahmen aus der Lernsupervision gegenüber.

Der erfolgreiche Abschluß der anerkannten Weiterbildung berechtigt zum Erwerb der ordentlichen Mitgliedschaft in der Deutschen Gesellschaft für Supervision/DGSv)

Leitung der Weiterbildung

Jürgen Linke
Diplom-Psychologe, Diplom-Pädagoge, Familientherapeut, Lehrtherapeut, Supervisor (DGSv» und Lehrender Supervisor (SG), Vorstandsmitglied der Systemischen Gesellschaft - Deutscher Verband für systemische Beratung; erster Vorsitzender des BIF, langjährige Erfahrung in Organisationsberatung, Training und Coaching

Hans Gerd Schulte
Kulturwissenschaftler, Jurist, langjähriger Berater und Leiter verschiedener Kultur- und Sozialinstitutionen, Supervisor (DGSv) und Lehrender Supervisor (SG), Gruppenleiter (DAGG), Organisationsberater, Koordinator des Bereichs Fortbildung des BIF, Mitglied der Institutsleitung

Eingangsvoraussetzungen

- Abschluß Fachhochschule Sozialpädagogik/Sozialarbeit, Sozialwesen oder ein humanwissenschaftlicher Hochschulabschluß
- mindestens 5jährige Berufserfahrung (nach dem Berufspraktikum)
- 30 Sitzungen Supervision in den letzten 6 Jahren in Gruppen- oder Teamsupervision und 15 Sitzungen Einzelsupervision in den letzten 3 Jahren bei SupervisorInnen mit anerkannter DGSv-Ausbildung bzw. bei Mitgliedern der DGSv

- Nachweis über methodische Kenntnisse durch die Teilnahme an langfristigen Zusatzausbildungen oder Fortbildungsveranstaltungen, die das Spannungsfeld Person, Rolle und Institution zum Gegenstand haben (Mindestumfang 400 Ustd.)

Ausnahmeregelungen

- mindestens 8jährige Berufserfahrung nach Abschluß der Berufsausbildung 30 Sitzungen Supervision in den letzten 6 Jahren in Gruppen- oder Teamsupervision und 15 Sitzungen Einzelsupervision in den letzten 3 Jahren bei SupervisorInnen mit anerkannter DGSv-Ausbildung bzw. bei Mitgliedern der DGSv
- Nachweis der methodischen Kenntnisse durch die Teilnahmen an langfristigen Zusatzausbildungen oder Fortbildungsveranstaltungen, die das Spannungsfeld Person, Rolle und Institution zum Gegenstand haben (800 Ustd. bei zwei verschiedenen Fortbildungsträgern) davon 250 Ustd. in einer längerfristigen Fortbildung
- ein schriftliches Gutachten des Ausbildungsinhalts
- ein schriftliches Gutachten eines/r Lehrsupervision der/die von dem Aufnahmeausschuß benannt wird
- der Aufnahmeausschuß entscheidet über die Zulassung
- der/die KandidatIn hat Widerspruchsrecht, über den -Widerspruch entscheidet der Vorstand des DGSv

Abschlußvoraussetzungen

- kontinuierliche Teilnahme am Kurs
- Durchführung von mindestens drei eigenen Lernsupervisionsprozessen à 15 Sitzungen in Einzel-, Gruppen- und/oder Teamsupervision
- Teilnahme an mindestens 3 5 Sitzungen Lehrsupervision, Die Lehrsupervision soll in einem regelmäßigen Sitzungsturnus durchgeführt werden

(pro Teilnehmer müssen 90 Min. mal 35 Sitzungen gleich 52,5 Zeitstunden zur Verfügung stehen

- schriftliche Auswertung der Lehrsupervision eigenständige schriftliche Abschlußarbeit
- Stellungnahme der Kursleitung über die erfolgreiche Teilnahme am Kurs und der /des Lehrsupervisorin/ Lehrsupervisors über die erfolgreiche Lern- und Lehrsupervision
- eigenständige schriftliche Abschlußarbeit
- Stellungnahme der Kursleitung über die erfolgreiche Teilnahme am Kurs und der/des Lehrsupervisorin/Lehrsupervisors über die erfolgreiche Lern- und Lehrsupervision
- erfolgreiche Teilnahme am Abschlusskolloquium

Kurs- und Terminübersicht

Dauer:
30 Monate

TeilnehmerInnenzahl:

18

Leistungsumfang:

3 Tage	Einführungsseminar
5 Tage	Einführung in die Supervision / Akquisition und Kontrakt
9 Tage	berufsbezogene Selbsterfahrung (verteilt über den Kursverlauf)
5 Tage	Theorie und Praxis der systemischen Einzelsupervision
5 Tage	Einführung in die Kornmunikations- und Systemtheorie, Grundlagen systemischer Gesprächsführung
2 Tage	Supervision und Organisation
5 Tage	Theorie und Praxis der systemischen Gruppensupervision
5 Tage	Teamtraining und Teamsupervision
5 Tage	Zwischenauswertung des Kursverlaufs

5 Tage Methoden der Teamsupervision
2 Tage Neuorientierungsprozesse in der Supervision
3 Tage Hypothesenbildung und Intervention
5 Tage Einzelsupervision, Leitungssupervision und Coaching in Institutionen
4 Tage Schlußauswertung und Abschlußcolloquiurn

Stundenumfang:

61 Tage (549 Stunden) sowie mindestens
45 Lernsupervisionssitzungen (67,5 Std.) und
40 Lehrsupervisionssitzungen (60 Std.)

Gesamtumfang:

ca. 677 Stunden

Was ist systemische Supervision?

Ein wesentliches Merkmal des systemischen Ansatzes in der Supervision ist es, die Problemstellungen immer im Rahmen ihres Kontextes zu betrachten. Dieser Kontext besteht aus einer komplexen Hierarchie von Systemebenen (Individuum, Team, Institution), die miteinander interagieren und auf die Entstehung und Aufrechterhaltung von Problemen Einfluß haben.

Wesentliche Aspekte der Betrachtung auf den verschiedenen Ebenen sind widersprüchliche Erwartungen, Regeln, Werte, Rollenvorstellungen, das Verhältnis von persönlichen und institutionellen Zielen, Interaktionsmuster sowie Riten und Traditionen der Institution.

Die einzelnen sind sich der Wirkung des weiteren Kontextes (Interaktionsstruktur, Leitungsstil etc.) oft nicht bewußt, sondern personalisieren die Problematik, z.B. ausschließlich auf der Beziehungsebene.

Themen der Supervision sind somit die Erweiterung der Vorstellungen und inneren Bilder sowie die Motive der einzelnen in ihrem beruflichen Feld, die natürlich auch von ihren fachspezifischen Ausbildungen geprägt sind.

Die Innenperspektive (wie fühle ich mich? wie sehe ich die Situation?) wird durch die Außenperspektive ergänzt (wie wirke ich? welche wirksamen Kontextfaktoren gibt es? Wie trage ich eventuell selbst zu dem Problem bei?). Aus systemischer Sicht ergeben sich Probleme oft aus der Widersprüchlichkeit zweier Grundtendenzen, dem Bestreben nach Aufrechterhaltung und Stabilität des Bestehenden einerseits und dem Wunsch nach Entwicklung und Veränderung andererseits.
Dieses Bestreben ist auch Ausdruck eines Wandels gesellschaftlicher Bedingungen und Werte. Bewährte Strategien und Regeln beruflichen Handelns müssen in diesen Entwicklungsprozessen revidiert und angepaßt werden.

Supervision ist ein Medium für Entwicklungsprozesse auf verschiedenen Systemebenen, von der die Institution und auch der einzelne persönlich und beruflich profitiert. Sie erweitert die persönlichen und institutionellen Ressourcen.

Die Supervision dient der Reflexion eigener Motive, der Orientierung und der Entwicklung professioneller Zielsetzungen und Handlungsstrategien in einem sehr komplexen Berufsfeld.

Ziel von Team-Supervision ist es, die Blockierungen eines gemeinsamen Entwicklungsprozesses durch Offenlegung der unterschiedlichen Sichtweisen und Erwartungen der Beteiligten aufzuheben. Durch Reflexion der eigenen Rolle und der eigenen Zielsetzungen, Möglichkeiten und Grenzen erhöht sich auch die Berufszufriedenheit.

Methoden systemischer Supervision sind das geleitete, ressourcen- und prozeßorientierte Gespräch unter Einbeziehung verschiedener Mittel, wie z.B. Zielrahmenfindung, Organigramm, Genogramm, Skulptur u.a.

Literatur

Andolfi, M. (1982) "Familientherapie", Freiburg

Antons, K. (1987). „Helfen oder Lieben? - Trennung und Scheidung in psychosozialen Berufen", Hamburg

Asch, S. (1952). „Social Psychology", Englewood Cliffs

Bach, G. &. Molter, H. (1979). "Psychoboom - Wege und Abwege moderner Therapie", Hamburg

Bandler, R & Grinder, J. (1984). „Metasprache und Psychotherapie", Paderborn

Bateson, G. et al. (1969). „Schizophrenie und Familie", Frankfurt/Main

Bateson, G. (1981). „Ökologie des Geistes", Frankfurt/Main

BIF (1997). "Weiterbildung in Systemischer Supervision", in: Eckhardt, U.-L. & Richter, K. F. & Schulte, H. G. (Hrsg.) System Lehrsupervision, S. 207-213, Aachen

Boszormenyi-Nagy, I., Spark, G. (1981) "Unsichtbare Bindungen - Die Dynamik familiärer Systeme" Stuttgart

Brandau, H. (Hrsg.) (1991). „Supervision aus systemischer Sicht", Salzburg

Böse, R. & Schiepek, G. (1989). „Systemische Theorie und Therapie", Heidelberg

Capra, F. (1986). „Wendezeit", Bern

Ciompi, L. (1982). „Affektlogik", Stuttgart

de Shazer, S. (1989). „Der Dreh", Heidelberg

Eck, C. (1993). „Elemente einer Rahmentheorie der Beratung und Supervision", in: Fatzer (1993), S. 17ff.

Efran, J. & Lukens, M. & Lukens, R. (1992).“Sprache, Struktur und Wandel“, Dortmund

Fatzer, G. (Hrsg.) (1993). „Supervision und Beratung, - Ein Handbuch“, Köln

Fatzer, G. (1993). „Phasendynamik und Zielsetzung der Supervision und Organisationsberatung“, in: Fatzer, S. 53 ff., Köln

Fengler, J. (1986). „Supervision - Eine allgemeine Einführung“, in: Geistige Behinderung, Heft 4

Ferber, A. & Ranz, J. (1973). „Wie man bei der Familientherapie Erfolg hat: Setze erreichbare Ziele, stelle lösbare Aufgaben”, in: Sager, C. J. und Kaplan, D. Handbuch der Ehe-, Familien- und Gruppentherapie Band 2, München

Foerster, H. von (1985). „Sicht und Einsicht“, Braunschweig

French, W. & Bell, C. (1982). „Organisationsentwicklung“, Bern, Stuttgart

Gaertner, A. (1980). „Supervision“, in: Kreft, D. & Mielenz, J., „Wörterbuch sozialer Arbeit“, Weinheim

Goolishian, H. & Anderson (1988). „Menschliche Systeme Vor welche Probleme sie uns stellen und wie wir mit ihnen arbeiten“, in: Reiter

Graumann, C. F. (1972). „Interaktion und Kommunikation“, in: Graumann (Hrsg.). „Handbuch der Psychologie“, „Sozialpsychologie“, Band 7, S. 1109 - 1262, Göttingen

Guntern, G. (1980). „Die kopernikanische Revolution in der Psychotherapie: Der Wandel von psychoanalytischen zum systemischen Paradigma“, in: Familiendynamik 1

Gurman, A. & Kniskern, D. (1981). „Handbook of Family Therapy“, New York

Habermas, J. (1985). „Die neue Unübersichtlichkeit”, Frankfurt

Haley, J. (1977). „Direktive Familientherapie“, München

Hayakawa, S. (1976). „Sprache im Denken und Handeln“, Darmstadt

Hoffmann, L. (1982). „Grundlagen der Familientherapie“, Hamburg

Holzkamp, K. (1973).„Sinnliche Erkenntnis“, Frankfurt/Main

John, R & Fallner, H. (1980). „Handlungsmodell Supervision“, Mayen

Kant, I. (1974). „Kritik der reinen Vernunft“, in: Werkausgabe Band IV, Frankfurt/Main

Katzenbach, J. & Smith, D. (1993). „Teams - Der Schlüssel zur Hochleistungsorganisation“, Wien

Kersting, H. (1992). „Kommunikationssystem Supervision - Unterwegs zu einer konstruktivistischen Betrachtung“, Aachen

Kersting, H. & Neumann-Wirsing, H. (Hrsg.) (1992). „Supervision Konstruktion von Wirklichkeiten“, Aachen

Kersting, H. (1995). „Kontrollsupervision für SupervisorInnen - Methoden der Balintgruppenarbeit konstruktivistisch betrachtet“, in: Supervision, Zeitschrift für berufsbezogene Beratung, Heft 27, S. 37-48

Kersting, H. . (2000). "Supervision in der Gruppe – eine Spezialform der Sozialen Gruppenarbeit", in: Ders. & Neumann-Wirsig, H. (Hrsg.). In Aktion – Systemische Organisationsentwicklung und Supervision, S. 123-145, Aachen

Kersting, H. & Krapohl, L. (2000). "Teamsupervision", in: Pühl, H. (Hrsg.). Handbuch Supervision 2, S. 59-77, Berlin,

Korzybski, A. (1933). „Science and Sanity: An Introduction to Non Aristotelian Systems and General semantics“, Lancaster

Kriz, J. (1991). "Grundkonzepte der Psychotherapie", Weinheim

Kuhn, T.(1979). „Die Struktur wissenschaftlicher Revolutionen“, Frankfurt/Main

Ludewig, K. (1992). „Systemfische Therapie“, Stuttgart

Luhmann, N. (1984). „Soziale Systeme“, Frankfurt/Main

Maturana, H. (1985). „Erkennen: Die Organisation und Verkörperung von Wirklichkeit“, Braunschweig

Maturana, H. & Varela, F. (1987) „Der Baum der Erkenntnis“, Bern, München, Wien

Miller, G. & Galanter, E. & Pribram, K. (1973). „Strategien des Handelns“, Stuttgart

Minuchin, S. (1977). „Familie und Familientherapie“, Freiburg

Nellessen, L. (1993). „Die Gruppendynamik in der Supervision“, in: Fatzer (1993), S. 159 f

Neumann-Wirsig, H. & Kersting, H. (Hrsg.) (1993). Systemische Supervision. Oder: Till Eulenspiegels Narreteien, Aachen

North, M. (1972). „The Secular Priests - Psychotherapists in Contemporary Society“, London deutsch: „Mythos und Wirklichkeit der Psychotherapie“, München, Berlin, Wien

Osgood, C. & May, W. & Mison, M. (1975). „Cross - Cultural Universals of Affective Meaning“, Urbana

Piaget, J. (1975). “Der Aufbau der Wirklichkeit beim Kinde”, Stuttgart

Piaget, J. (1976). „Die Äquilibration der kognitiven Strukturen“, Stuttgart

Pühl, H. (Hrsg.) (1990). „Handbuch der Supervision“, Berlin

Raguse, H. (1993). „Supervision - angewandte Psychoanalyse?“ in: Fatzer (1993), S. 171 ff

Reiter, L. et al. (Hrsg.) (1988). „Von der Familientherapie zur systemischen Perspektive“, Berlin, Heidelberg

Reiter, L. (1991). „Systemisches Denken und Handeln - wohin?“ Referat beim Symposium des Frankfurter Instituts für Familientherapie

Retzer, A. (Hrsg.) (1991). „Die Behandlung psychotischen Verhaltens“, Heidelberg

Richter, H. E. (1963). „Eltern, Kind und Neurose“, Stuttgart

Richter, H. E. (1970). „Patient Familie“, Hamburg

Rosenhan, D. (1973). „Gesund in kranker Umgebung“, in: Watzlawick (1985), S. 111 ff

Rosenthal, R. & Jacobson, L. (1976). „Pygmalion im Unterricht“, Weinheim

Roth, J. (1993). „Die Balint - Gruppe: Ein Klassiker der Supervision“, in: Fatzer (1993), S. 143 ff.

Rücker-Embden-Jonasch, I, & Ebbecke-Nohlen, A. (1992) (Hrsg.): Balanceakte. Familientherapie und Geschlechterrollen, Heidelberg

Schein, E. (1989). „Organisationsberatung - Wissenschaft, Technologie oder Philosophie“, in: Fatzer (1993), S. 409 ff.

Schmidbauer, W. (1977). „Die hilflosen Helfer - über die seelische Problematik der helfenden Berufe“, Hamburg

Schweitzer, J. & Weber, G. “Beziehung als Metapher: Die Familienskulptur als diagnostische, therapeutische und Ausbildungstechnik”, in Familiendynamik 2/1982

Schweitzer, J. & Retzer, A. & Fischer, R. (1992). „Systemische Praxis und Postmoderne“, Frankfurt/Main

Selvini Palazzoli, M. & Boscolo, L. & Cecchin, G. & Prata, G. (1977). „Paradoxon und Gegenparadoxon“, Stuttgart

Selvini Palazzoli, M. & Prata, G. (1980) ”Die Macht der Ohnmacht”, in: von Werth, D. Enderlin (Hrsg.): Der Familienmensch, Stuttgart

Selvini Palazzoli, M. & al. (1985). „Hinter den Kulissen der Organisation“, Stuttgart

Sievers, B. & Weigand, W. (1986). „Rolle und Beratung in Organisationen“, in: Organisations- Entwicklung, Nr. 3 (1986)

Simon, F. (1984): „Warum es so schwerfällt, ‘gut’ und ‘böse’, ‘aktiv und ‘passiv’, ‘stark’ und ‘schwach’ zu unterscheiden“, in: Familiendynamik, Heft 4 , Stuttgart

Simon, F. (1993 a). „Unterschiede, die Unterschiede machen“, Frankfurt

Simon, F. (1993 b). „Hinter dem Eulenspiegel - Warum Supervision ohne Humor witzlos ist“, in: Neumann-Wirsing & Kersting (1993), S. 34 ff.

Spencer Brown, G. (1969). „Laws of Form“, New York

Stanton, A. & Schwartz, M. (1964). "The Mental Hospital", New York

Stierlin; H. (1976). Eltern und Kinder, Frankfurt/Main

Stierlin; H. (1978). Delegation und Familie, Frankfurt/Main

Stierlin, H. (1989). „Individuation und Familie", Frankfurt/Main

Tomm, K. (1988). „Reflexive Fragen als Mittel zur Selbstheilung", in: System Familie; S. 220 - 243, Berlin, Heidelberg

Vester, F. (1984). „Ökolopoly - ein kybernetisches Umweltspiel", Ravensburg

Vogel, H.-Chr. & Bürger, B. & Nebel, G. & Kersting, H. (1997). "Werkbuch für Organisationsberater. Texte und Übungen", Aachen

Watzlawick, P. & Beavin, J. & Jackson, D. (1969). „Menschliche Kommunikation", Bern

Watzlawick, P. & Weakland, H. & Fisch, R, (1974) „Lösungen", Bern

Watzlawick, P. (1976). „Wie wirklich ist die Wirklichkeit?", München

Watzlawick P. (Hrsg.) (1980). „Interaktion", Stuttgart, Bern

Watzlawick, P. (Hrsg.) (1985). „Die erfundene Wirklichkeit", München

Watzlawick, P. (1986). „Vom Schlechten des Guten", München

Watzlawick, P. (1988). „Münchhausens Zopf oder Psychotherapie und Wirklichkeit", Bern

Weber, G. & Stierlin, H. (1989). „In Liebe entzweit - Die Heidelberger Familientherapie der Magersucht", Hamburg

Weisbord, M. (1985). „Productive Workplaces", San Francisco

Wittgenstein, L. (1969). "Tractatus logico-philosophicus", Frankfurt/Main

Woltmann-Zingsheim (1997). „Konstruktivistische Denkweisen", in: Vogel, S. 71-95

Zapf, W. (Hrsg.) (1970). „Theorien des sozialen Wandels", Köln, Berlin

Zielke, M. (1982). „Supervision“, in: Bastine, R. (Hrsg.): „Grundbegriffe der Psychotherapie“, Basel

Familienbeziehungsarbeit in der Heimerziehung.
Erstabdruck in: Sozialpädagogik 4/1983

Der Familienhelfer - ein Alltagstherapeut.
Erstabdruck in: Sozialpädagogik 4/1987

Supervision mit Hilfe von Familienskulpturen unter Einbeziehung der Herkunftsfamilie des Beraters.
Erstabdruck in: Kontext 4/1984

Heinz J. Kersting (Hg.)

Der Zirkel des Talos
Gespräche mit systemischen TherapeutInnen

ISBN 3-928047-22-1, 380 Seiten, 48, 00 DM

Heinz J. Kersting hat ProtagonistInnen der systemischen Therapie interviewt und KollegInnen aus der systemischen Therapie und Beratung gebeten, sich mit den Ansätzen der Interviewten auseinander zusetzen.

Die GesprächspartnerInnen waren: Helm Stierlin, Paul Watzlawick, Fritz B. Simon, Rosmarie Welter-Enderlin, Insoo Kim Berg, Frank Farrolly, Ernst Richard Petzold und Holger Leinhof.

Beiträge lieferten: Britta Haye, Kurt Pelzer, Heiko Kleve, Bruno Hildenbrand, Uta M. Walter, Graham Dawes, Ulrike Brandenburg und Uli Schlingensiepen.

Kurt Ludewig, langjähriger Vorsitzender der Systemischen Gesellschaft in Deutschland, leitet den Band ein mit einer Bestandsaufnahme der systemischen Therapie.

"Das Buch gestattet einen Blick auf jene Menschen, die maßgeblich die systemische Theorie gestaltet haben, auf ihre gedanklichen Konstrukte und erlebten Geschichten, aus denen heraus sich theoretische Axiome wandelten. Theorie als Begegnung wird in den aufgezeichneten Gesprächen erfahrbargemacht. Als Leserin bekomme ich eine Ahnung von der Bedeutung, die dem gemeinsamen Forschen innewohnt, dem Austausch und dem kontroversen Diskurs auf der Suche nach dem, was Therapie und veränderte Kommunikation ausmacht. ... Im Anschluss an jedes Gespräch werden die theoretischen Bausteine der jeweiligen therapeutischen Richtung auf verständliche Weise all jenen nähergebracht, die den Überblick über aktuelle Diskussionen nicht missen wollen. Das Ergebnis: Lust auf Theorie, Lust auf Wagnis im therapeutischen Gespräch, Lust aufs Ausprobieren."

In: Systhema 1/2000, Martina Witt-Niermann (Wesel)

Hans-Christoph Vogel, Brigitte Bürger,
Georg Nebel, Heinz J. Kersting

Werkbuch für Organisationsberater
Texte und Übungen

ISBN 3-928047-23-X, 318 Seiten, 42, 00 DM
2. erweiterte Auflage 1997

"Hätte der alte Taylor, der Vater rationalen Organisierens, dieses Werkbuch noch erlebt, er hätte es rationalisiert, geleant und auf einige Kernsätze hin kondensiert. Da er es nicht mehr erleben konnte, erfahren die Leserin und der Leser ein vollschlankes Werk von über 300 Seiten mit unterschiedlichen Beiträgen zur Praxis des Organisierens wie zur Theorie systemischen Arbeitens und zu sach- und personenbezogenen Themen. Das Buch regt zum Werken an. Es bietet Übungen und Checklisten, die vom konstruktivistischen Denken, von der Luhmann'schen Systemtheorie, vom Differenzansatz und dem NLP geprägt sind.

Das Werkbuch resultiert aus den Werken der Autorin und der Autoren in Organisationsentwicklungsprozessen wie aus Ausbildungsgängen zur Organisationsberatung, es nimmt darum auch Arbeitsberichte anderer Werke als der der Autoren/in auf. Als Werkbuch trägt es Werkstattcharakter, weil es von Erfahrungen berichtet, das systemische Denken mit seinen Kreisläufen, Zufälligkeiten und Verrücktheiten in einem Kontext zur Anwendung zu bringen, der sich (immer noch und immer wieder) der geraden Linie verpflichtet fühlt.

Wahrscheinlich würde Taylor im Vorwort des Werkes schmunzelnd anmerken, dass der/die Organisationsberater/in den "one best way" nicht in der Linie sondern im Punkt finden wird. Das Werkbuch wirkt nur so, wie es verwerkt wird.

Mit diesem Werkbuch wünschen wir allen Organisationsberater/innen viel Spaß beim Werken"

Mobile: Social-Groupwork-Report 1995/1

Bücher aus dem IBS-Verlag

Zur Organisationsberatung und zur Supervision:

Ilona Lorenzen, Hans-Christoph Vogel (Hg.)
StOErfall Praxis
Wirkbuch zur OrganisationsEntwicklung
ISBN 3-928047-32-9 - 234 Seiten - 42,00 DM

Ulrike-Luise Eckhardt, Kurt Richter, Hans Gerd Schulte
System Lehrsupervision
ISBN 3-928047-20-5 - 240 Seiten - 48,00 DM

Heinz J. Kersting, Heidi Neumann-Wirsig (Hg.)
Systemische Perspektiven in der Supervision
und Organisationsentwicklung
ISBN 3-928047-13-2 - 222 Seiten - 38,50 DM

Heidi Neumann-Wirsig, Heinz J. Kersting (Hg.)
Supervision in der Postmoderne.
Systemische Ideen und Interventionen
in der Supervision und Organisationsberatung
ISBN 3-928047-25-6 - 250 Seiten - 42,00 DM

Heinz J. Kersting, Heidi Neumann-Wirsig (Hg.)
In Aktion:
Systemische Organisationsentwicklung und Supervision
ISBN 3-928047-32-0 - 256 Seiten - 36,00 DM

Fortbildung Supervision
am Institut für Beratung und Supervision Aachen
Herausgegeben von Heinz J. Kersting, 2. Auflage
ISBN 3-928047-28-0 - 46 Seiten
gegen Schutzgebühr von 4,00 DM (in Briefmarken) beim Institut erhältlich

Zum konstruktivistisch-systemischen Denken und Handeln:

Haja Molter, Thomas Billerbeck
Der Mensch lebt nicht allein zusammen.
Eine Einführung in die pragmatische Kommunikationstheorie
ISBN 3-928047-34-5 - 95 Seiten – 18.00 DM

Georg Nebel, Bernd Woltmann-Zingsheim (Hg.)
Werkbuch für das Arbeiten mit Gruppen
Texte und Übungen zur Sozialen Gruppenarbeit
ISBN 3-928047-19-1 - 400 Seiten - 52,00 DM

Heiko Kleve
Konstruktivismus und Soziale Arbeit.
Die konstruktivistische Wirklichkeitsauffassung und ihre Bedeutung für die Sozialarbeit/Sozialpädagogik und Supervision.
Vorwort: *Prof. Britta Haye*
ISBN 3-928047-17-5 - 167 Seiten - 30,00 DM

Theodor M. Bardmann, Sandra Hansen
Die Kybernetik der Sozialarbeit.
Ein Theorieangebot
Vorwort: *Heinz von Foerster*
ISBN 3-928047-16 - 158 Seiten - 20,00 DM

Heiko Kleve
Postmoderne Sozialarbeit
Ein systemtheoretisch-konstruktivistischer Beitrag zur Sozialarbeitswissenschaft
ISBN 3-928047-29-9 - 356 Seiten - 39,80 DM

Theodor M. Bardmann
Unterscheide!
Konstruktivistische Perspektiven in Theorie und Praxis
ISBN 3-92804711-6 - 290 Seiten - 20,00 DM

Zum Sozial und zum Qualitätsmanagement, zur Sozialen Arbeit im Umbruch:

Kurt Pelzer
Reflektierte Praxis.
Systemische Qualitätssicherung am psychologischen Beratungszentrum der evangelischen Gemeinde zu Düren
ISBN 3-928047-24-8 - 160 Seiten - 29,80 DM

Max Kreuzer, Helga Räder (Hg.)
Video-Home-Training Kommunikation im Alltag.
Eine erprobte Methode (nicht nur) in der Familienhilfe
2. Auflage
ISBN 3-98036-04-8 - 440 Seiten - 39,80 DM

Hans-Christoph Vogel, Jana Kaiser (Hg.)
Neue Anforderungsprofile in der Sozialen Arbeit
ISBN 3-928047-18-3 - 278 Seiten - 20,00 DM

Studiengruppe Sozialmanagement der Fachhochschule Niederrhein (Hg.)
Neue Sichten in Sicht.
Fragmente eines Perspektivenwechsels in der Sozialarbeit
ISBN 3-928047-09-4 - 160 Seiten - 20,00 DM

Marlo Riege
Alleinstehende wohnungslose Frauen.
Rahmenbedingungen und Praxis einer Fachberatungsstelle
ISBN 3-928047-07-8 - 184 Seiten - 20,00 DM

Ulrich Mergner (Hg.)
Neue Arbeit braucht das Land.
Zehn Jahre Neue Arbeit Mönchengladbach
ISBN 3-928047-33-7 - 2 24 Seiten - 28,80 DM

Zur systemischen Supervision
in Vorbereitung

Heinz J. Kersting
Zirkelzeichen. –
Supervision als konstruktivistische Beratung
ISBN 3-928047-27-2 - ca. 256 Seiten - 36,00 DM

Heike Hercher, Heinz J. Kersting
Die Eule der Athene.
Wirklichkeiten Systemischer Supervision
im deutschen Sprachraum.
Gespräche mit systemischen SupervisorInnen
ISBN 3-928047-35-3

Heinz J. Kersting (Hg.)
Systemische Supervisionsausbildung
ISBN 3-928047-38-8

Institut für Beratung und Supervision Aachen

Wissenschaftlicher Direktor: Prof. Dr. Heinz J. Kersting
Geschäftsführer: Georg Nebel

Das Institut wurde 1985 gegründet von SupervisorInnen, ErwachsenenbildnerInnen, OrganisationsberaterInnen, SozialarbeiterInnen und SozialpädagogInnen, die der Praxis und in der Hochschulausbildung tätig sind.

Ziele des Instituts sind

- die Fort- und Weiterbildung von Mitarbeiterinnen in der sozialen, pädagogischen, pastoralen und therapeutischen Arbeit, dem Management und der Organisationsberatung,
- die Mitwirkung am Theoriebildungsprozess der Sozialen Arbeit, der Supervision, dem Management und der Organisationsentwicklung,
- die Förderung des nationalen und internationalen Erfahrungsaustausches,
- die Durchführung, Förderung und Dokumentation von Forschungsprojekten,
- die Organisation von Foren zur Diskussion von Neuentwicklungen in den Bereichen der Sozialen Arbeit, der Supervision, der Organisationsberatung und dem Management,
- die Vermittlung von Beratung, Supervision, Kontroll- und Metasupervision, Coaching, Balintgruppen und Organisationsberatung

Das Institut ist Mitglied

- der Systemischen Gesellschaft, Deutscher Verband für systemische Forschung, Therapie, Supervision und Beratung e.V.,
- der Deutschen Gesellschaft für Supervision e.V. (DGSv) und
- des Verbundes der Systemfisch-orientierten Institute in der DGSv.

Zur Zeit bietet das Institut folgende Weiterbildungsveranstaltungen an:

- Ausbildung in Systemischer Organisationsberatung/Organisationsentwicklung,
- Ausbildung zum/zur Supervisor/in (nach den Ausbildungsstandards der Deutschen Gesellschaft für Supervision e.V. – DGSv und den Zertifizierungsrichtlinien der Systemischen Gesellschaft, Deutscher Verband für systemische Forschung, Therapie, Supervision und Beratung e.V. - SG)
- Weiterbildung in Systemischer Beratung (nach den Zertifizierungsrichtlinien der SG)
- Intensivfortbildung in systemischem Arbeiten mit Gruppen (nach den Ausbildungsstandards der Deutschen Sektion der International Association for the Advancement of Social Work with Groups - AASWG),
- Weiterbildung in Sozio-Integrativer Beratung,
- Weiterbildung in Systemischem Projektmanagement
- Fortbildung: Neurolinguistische Modelle in der Supervision,
- Workshops zur Supervision, zur Systemischen Beratung und Therapie, zur Provokativen Therapie, zur Organisationsberatung, zum Management, zum Konstruktivismus und zur Systemtheorie

Ausführliche Informationen sind erhältlich bei der Geschäftsstelle des Instituts für Beratung und Supervision:

Heckstraße 25
D-52080 Aachen
Telefon: 0241-95 33 09
Fax: 0241-55 48 15

office@ibs-networld.de
www.ibs-networld.de